高校教育信息化管理与学生管理工作

姚　丹　孙洪波　著

中国纺织出版社有限公司

内 容 提 要

随着高校改革进程的不断加速，依托信息化技术创新高校学生教育管理工作的重要性不断提升。在开展学生教育管理工作时，通过将智慧管理思维、智能管理系统融入学生教育管理的全流程，使学生的个性化诉求、现实问题得到及时反馈，也为学生教育管理探寻了新路径。本书主要以高校学生管理活动为研究对象，以信息化为背景，系统分析了信息化环境下高校学生教育管理工作的客观现状，并从树立高校学生管理信息化思维、完善思政教育信息化建设、采用现代化信息技术手段和提高教育管理人才队伍信息化技能等多个角度系统论述了基于信息化思维的高校学生管理工作。

图书在版编目（CIP）数据

高校教育信息化管理与学生管理工作 / 姚丹，孙洪波著 .-- 北京：中国纺织出版社有限公司，2021.11（2024.2重印）
ISBN 978-7-5180-9168-3

Ⅰ. ①高… Ⅱ. ①姚… ②孙… Ⅲ. ①高等教育—教育管理—信息化—研究—中国 Ⅳ. ① G649.2

中国版本图书馆 CIP 数据核字 (2021) 第 233245 号

责任编辑：段子君　　责任校对：楼旭红　　责任印制：储志伟

中国纺织出版社有限公司出版发行
地址：北京市朝阳区百子湾东里 A407 号楼　邮政编码：100124
销售电话：010—67004422　传真：010—87155801
http://www.c-textilep.com
中国纺织出版社天猫旗舰店
官方微博 http://weibo.com/2119887771
北京兰星球彩色印刷有限公司印刷　　各地新华书店经销
2021 年 11 月第 1 版　　2024 年 2 月第 3 次印刷
开本：710 × 1000　1/16　印张：11.75
字数：203 千字　定价：88.00 元

前　言

近年来，随着信息技术的发展和应用，世界逐步进入网络化、信息化时代，既给各行各业带来了根本性变革，也给教育领域带来了前所未有的机遇和挑战。当前，对学生管理的信息化思维已越来越受到重视，众多高校也逐渐将管理信息化、教育信息化、数字化校园建设等纳入了学校改革和发展的规划中。

随着高校改革进程的不断加速，依托信息化技术创新高校学生教育管理工作的重要性不断提升。在开展学生教育管理工作时，通过将智慧管理思维、智能管理系统融入学生教育管理的全流程，使学生的个性化诉求、现实问题得到及时反馈，也为学生教育管理探寻了新路径。本书主要以高校学生管理活动为研究对象，以信息化为背景，系统分析了信息化环境下高校学生教育管理工作的客观现状，并从树立高校学生管理信息化思维、完善思政教育信息化建设、采用现代化信息技术手段和提高教育管理人才队伍信息化技能等多个角度系统论述了基于信息化思维的高校学生管理工作。另外，本书精准论述了信息化环境下，创新高校学生教育管理工作的具体策略与发展定位，为当前优化学生培养机制提供了重要的基础。

面对当前信息化的新形势、新问题，高校学生事务管理还不能完全适应信息化的发展要求。在现阶段，研究信息化背景下高校学生管理的创新与发展是我国高等教育现阶段的一个重要研究课题。本书的理论研究也希望能够起到抛砖引玉的作用，让更多的学者关注和研究高校学生管理信息化，使高校学生管理信息化朝着更科学、更系统的方向发展，并进一步在全国范围内扩展，为培养高质量的社会人才做出积极的贡献。由于时间和精力有限，书中还有很多不足之处，恳请各位读者和同人给予批评指正。

著者

2021 年 6 月

目　录

第一章　教育信息化概述

第一节　教育信息化的概念

一、教育信息化的历史演进

教育信息化作为国家信息化在学校教育中的体现，是伴随着信息技术的快速发展与广泛普及而提出的。1993 年，美国政府首先提出了“国家信息基础设施”（National Infomation Infrastructure，NII）建设计划，即“信息高速公路”计划。该计划明确指出了美国信息基础设施建设的总体目标，标志着美国国家信息基础设施计划正式启动，同时强调了信息技术在教育中的应用。从此，信息技术进入美国学校教育的步伐迅速加快。美国的这一举措也引起了世界各地的积极响应，各国政府纷纷开始制定推进本国教育信息化的计划。美国“信息高速公路”计划也因此成为教育信息化的开端。到目前为止，教育信息化大概经历了以下几个阶段。

（一）教育信息化的起步阶段——注重基础设施建设

从 20 世纪 90 年代初到 90 年代末是教育信息化发展的起步阶段。这一阶段的主要特点是关注教育信息化所需的软件、硬件基础设施建设，包括多媒体教室、校园网、区域教育网及国家教育网等。1995 年，英国政府提出了“教育高速公路：前进之路”计划。该计划尝试将全国 32000 所中学、540 所大学、4300 座图书馆和 360 家学术机构联网，并让每所中小学都拥有先进的计算机和各项教学软件。1996 年，美国克林顿政府制定了第一个国家教育技术计划，指出将信息时代的威力带进美国的所有学校，要求到 2000 年使每间教室和图书馆都能够联通国际互联网，确保每个儿童都能够用上现代多媒体计算机。我国国家教育委员会也在 1996 年发布了《中小学计算机教育五年纲要（1996—2000 年）》，其中指出了到 2000 年我国中小学计算机教育发展的目标，并分别对城市和县镇各级学校的计算机配置比例做出了具体规定。总体来说，这一阶段的教育信息化主要强调基础设施的建设，而对其在课堂教学中的应用研究还相对较少。

（二）教育信息化的初步发展阶段——关注信息技术在教育中的应用

从 20 世纪 90 年代后期开始，人们关注的焦点逐渐从软件、硬件基础设施的建设转向对信息技术支持教育教学的探索，包括学校教育、教学、行政管理等平台的建立及各类教育资源的开发。在这一阶段的初步发展后，人们逐渐意识到要实现教育信息化的健康稳定快速发展，关键是要真正发挥其促进教学环境改进与教学质量提升的作用。因此，越来越多的人开始探索信息技术与课程整合的模式，以期为信息技术在教育中的应用提供理论支持。1995 年美国圣地亚哥州立大学的伯尼 · 道格（Bernie Dodge）和汤姆 · 马奇（Tom March）首先创立了 WebQuest 课程，并得到了很大范围的推广。随后，又有学者提出了实时教学（Just-i-Time Teaching，JiTT）模式，以期发挥学习者的主体地位，并提高他们的自主学习能力。然而，这两者都属于信息技术在课前或课后的应用，属于课外教学模式，并没有对信息技术在课堂教学中的应用带来很大改观。可以说，这一阶段人们已经开始探索应用信息技术改善教学和学习效果的方法，但尚未实现其与课堂教学的有效整合。

（三）教育信息化的快速推进阶段——信息技术与课程整合

进入 21 世纪以后，人们逐渐意识到，要深入推进教育信息化，充分发挥信息技术对教与学的促进作用，就应该将信息技术与教学的课外整合转变为课内整合，即实现信息技术与课堂教学和学科课程的有机整合。2003 年秋，美国国家科学基金会启动了“运用信息技术加强理科学习”（Technology Enhanced Learing in Science，TELS）项目，目的是通过理科课程设计、教师培训、评估和信息技术支持等方面的努力来促进信息技术与理科教学的有机整合，以提高学生的理科学习成绩，最终达到利用信息技术促进理科教学的目的。以 TELS 项目为代表的信息技术与课程整合活动将 WebQuest 这种基于网络的探究性学习引入课堂教学，实现了学生学科基础知识学习与自主学习能力、创新能力、问题解决能力提升的有机结合，对提高课堂教学质量并促进学生全面发展具有重要的意义。这一阶段将关注的焦点从信息技术与课外学习的整合转向信息技术与课堂教学的整合，并实现了课外整合与课堂教学的有机结合，推动了教育信息化的快速发展。

（四）教育信息化的未来发展趋势——深度有效融合与创新应用

目前，信息技术与课程的整合尚处于初级阶段，即信息技术在教育教学中流于一般的技术应用，并没有实现与教育教学的深度有效融合。然而，要体现信息技术对学校教育的革命性影响，不应该仅仅将其局限于为教育教学提供新的技术支持和资源拓展，更要推动教育模式与教学方法的变革，为教育发展带来新的理念和动力。联合国教科文组织将教育信息化的过程分为起步、应用、融合和创新四个阶段。目前，我们已经实现了信息技术在课堂教学中的应用及其与学科课程的初步整合，未来应该更加关注信息技术与学科课程的深度有效融合与创新发展。也就是说，未来教育信息化的发展趋势为将信息技术深度有效地融入教育教学的全过程，并利用现代信息技术构建新型学习环境、创新教学模式与方法，实现以知识传授为主的教学方式向以能力与素质培养为主的教学方式转变。

二、教育信息化的要素

科教兴国思想不断深入人心，信息技术在教育领域中的作用也日益凸显，教育信息化的发展关乎一国教育的成败。作为一个行业的信息化，教育信息化包含教育信息化的技术基础（信息网络建设和信息技术应用）、数字化教育资源、信息化人才培养、信息技术和产业、信息化法规和标准五个主要方面。它们构成了教育信息化的五大要素，是一个有机的整体，共同构成符合我国国情的完整的教育信息化体系。当前我国教育信息化所面临的绝大部分问题都与这五大要素密切相关。我们认为，教育信息化技术的硬件建设是基础，数字化教育资源是核心，信息化人才培养是关键，信息化法规和标准是保障，信息技术和产业的发展是目的。下面就这五大要素分别进行阐述。

（一）教育信息化技术基础

教育信息化技术基础主要包含两大方面的内容：信息网络建设和信息技术应用。

信息网络既是教育信息化建设的主体，又是实现教育信息化的物质基础和先决条件。我国目前已经建成并启用的中国教育与科研网、中国卫星宽带远程教育网络、中小学“校校通”工程、高校“数字校园”建设工程，以及应用于学校教学的多媒体综合教室、网络教室、语言实验室、电子阅览室、闭路电视系统等，都是教育信息化中信息网络基础设施建设的重要内容。这一系列教育信息化基础设施的建设既是我国教育信息化建设的重大成就，也为我国教育信息化的进一步发展奠定了坚实的基础，同时为信息化教育的实施创造了必要的条件。

信息技术的教育应用是教育信息化建设的根本出发点。有了信息网络和信息资源这些基础条件后，信息技术的教育应用便成为教育信息化的主角。如何因地制宜地做好与教学手段密切相关的硬件及软件建设，并由此在教育信息化建设环境上建立与教育对象、教育内容相适应的信息化教育模式，与此同时，在不同层次开展教学管理的理论研究与实践，是教育领域信息技术教育应用的主要任务。教育信息化建设的水平和效益主要体现在应用这一环节。

（二）数字化教育资源

数字化教育资源是用于教育和教学过程的各种信息资源，它的开发和利用是教育信息化建设成功的关键。教育资源建设是实施教育信息化建设的核心内容，要努力丰富教育资源，才能使教育信息化建设落到实处。教育资源可以是与教学内容密切相关的文字、图片、声音、视频等。教育资源要用先进的数字化视、音频技术，实现文字、图形、图像和声音的同步传输，并要符合网络标准、有优良的交互控制。

数字化教育资源可以分为两大类：一类是以教育信息为主要内容的教育软件资源；另一类是以管理信息系统的基础数据为主要内容的教育管理信息资源。数字化教育资源在教育中的应用最直接，教育过程即是通过各种教育资源的应用予以展开和控制的。对各种教育信息资源的生成、整理、分析、处理、传递和应用，应根据教育信息的特点、教育过程的要求展开。

数字化教育资源建设从长期来看是一项艰苦而漫长的工程，完全可以本着“边开发、边应用”的原则，采用各种可能的方法，利用各方面的资金，全面地建设教育信息化数字资源库。我们要边开发、边应用，做好的就立刻投入使用，并且要在应用的过程中不断进行评价、修改和升级，以进一步完善教育数字资源。

（三）信息化人才培养

如果将教育看作“产业”，那么其可以被称为超知识密集型产业，教育和教育信息化主要取决于教育人员的知识结构、创新精神和开拓能力，毫不夸张地说，人才是教育的生命，也是教育信息化的生命。然而，相关人才缺乏是信息科技时代一个普遍性的问题，在教育信息化过程中，这一问题显得特别突出。

为了实现教育信息化，人才要先行，我国现在需要培养大量掌握信息技术知识、具备信息技术应用能力的教育信息化人才。人才培养作为教育信息化的关键，其主要指的是培养两种类型的人才：一种是专业型的教育信息化人才，主要是指专门从事教育信息技术和信息化资源的研究与开发、教育信息化硬件建设、教育信息化软件应用和维护的专门人才。教育信息化发展对专业的教育信息化人才的要求高、分工细，可以是电子技术专业人才、硬件工程师、高级软件编程人才、网络工程师或微电子技术专业人才等。另一种是普通型的教育信息化人才，这相对于专业型的教育信息化人才来说主要是指在教育领域从事具体教学、教育管理及其他教育服务的各类人员而言的。信息化发展对该领域全体人员的信息技术知识、信息利用能力和信息素质都有共同的要求。特别是作为信息化人才培养重要基地的高等学校，既要关注教育行业的信息化，为教育信息化培养普通型的教育信息化人才和专业型的教育信息化人才，也要担负起为整个社会培养信息化人才的任务。

教育信息化的根本目的是实现教育现代化，培养创新人才。面向信息社会的创新人才应具备的一项基本素质就是信息能力。它不仅是教育领域内的事情，更是信息社会中每个人赖以生存、用于学习进步的一项基本能力。所以，教育信息化应将每位学生的信息能力培养作为教育本身最重要的一项内容，大力推进，以保证实现国家社会经济的发展。我国各级、各类学校中广泛开展的信息技术教育就是实现国家信息化、教育信息化的重要步骤和主要内容。

（四）信息技术和产业

信息技术是指对信息的采集、加工、存储、交流、应用的手段和方法的体系。它的内涵包括两个方面：一方面指信息技术是一种手段，即各种信息媒体和工具，如印刷媒体、电子媒体、计算机网络、远程通信等，是一种物化形态的技术；另一方面指信息技术是一种方法，即运用信息媒体和技术对各种信息资源进行采集、加工、存储、交流、应用的方法，是一种智能形态的技术。信息技术就是由信息媒体本身和信息媒体应用的方法两个要素所组成的。信息技术的核心是信息的数字化、信息传输的网络化。信息技术是教育信息化的技术支柱，也是教育信息化的驱动力。在教育信息化过程中开展信息技术研究不仅可以丰富教育信息化的研究内容，更重要的是可以将新的更加有效的物态化技术和智能形态的技术应用于信息化教育中，提高信息化教育的质量和效果。

信息技术产业主要是指信息技术设备制造业和信息技术服务业。由于信息技术设备制造业的发展需要强大的技术和资金优势做后盾，因此在我国的教育信息化过程中，信息技术产业的发展应由不同的社会部门分工协作来完成。其中，教育信息技术产品的制造业应动员教育系统、科研院所和相关企业等互补性较强的部门共同参与，以便将教育系统从教育信息技术产品的开发中解脱出来，集中精力做好以教育信息资源的开发和利用为主的服务业。

（五）信息化法规和标准

教育信息化是一项系统工程，为确保我国教育信息化工作的顺利进行，国家政府及相关部门必须对教育信息资源开发、教育信息网络建设、教育信息技术应用、教育信息技术和产业等各个方面制定一系列政策、法规和标准，建立一套完善的促进信息化建设的政策、法规环境和标准体系，以规范和协调各要素之间的关系，这既是教育信息化健康发展的重要条件和保障，也是开展教育信息化的依据和蓝图。只有这样，才能使各级政府、各个单位和部门的教育信息化规范化、秩序化，也才能推动教育信息化健康顺利地向前发展。

从上述讨论和分析来看，教育信息化的五大要素对教育信息化建设起到决定性的作用。人才培养是教育信息化的关键要素，教育信息化技术的硬件建设是基础要素，数字化教育资源是教育信息化的核心要素，信息化法规和标准是重要的保障。只有充分全面抓住这些要素，充分认识到它们之间的关系及存在的问题，并在实践中认真分析和努力解决这些问题，才能促进信息技术和教育信息产业更快、更好地发展。

三、教育信息化的内涵

明确教育信息化的概念，以及全面把握教育信息化的五大要素为教育信息化建设奠定了理论基础。但是开展教育信息化建设必须进一步明确教育信息化的基本内涵，力求使教育信息化建设步入一个科学规划、全面发展的良性轨道。

张光慧认为，教育信息化建设的内涵一般包括三个方面：一是教育信息化环境建设；二是教育信息化资源建设；三是教育信息化组织建设。环境建设主要包括校园网、网络中心、多媒体教室、网络教室、电子阅览室、计算机终端等基础设施、硬件和办公自动化系统、教学管理自动化系统、财务、人事、档案、电话、一卡通等应用软件系统的建设；资源建设主要包括多媒体素材（包括文字、图片、图形、动画、音频、视频）、多媒体课件、电子教案、教学案例、题库、电子文献（包括图书、期刊、报纸）、网络课程及电子文档的积累和建设；组织建设主要包括组织机构建设、管理队伍建设、技术队伍建设、教师队伍建设和教育信息化的制度建设。其中，环境建设是基础和前提，资源建设是核心和灵魂，组织建设是保障。

这种概括是从教育信息化广延的角度对其进行分析。在纵深的角度，范以纲认为教育信息化的内涵可以从以下四个维度理解。

第一，从教育发展维度来看，现代化教育旨在建立适应现代社会、经济、科技发展需要，以培养创新人才为目标的新型教育体系，并在这个以人为本的教育体系中，让每个学生都受到充分的教育，得到充分的发展，潜能得以开发，自由人格不断完善。显而易见，信息化是教育现代化的前提和必由之路。而现代教育学、心理学与信息科技的综合和相互渗透无疑将成为教育信息化的强大动力。

第二，从信息技术维度来看，由于通信技术和计算机网络技术不断突破，信息技术不仅已成为人类拓展能力的创造性工具，而且极大地拓展教育的时空界限，提高了人们工作学习的效率和能动性。先进的技术极大地扩展了教育的广度和深度，使教育资源充分共享成了可能，学习的选择性和公平性大大提高。信息交互手段使用，使教育愈加成为个体化的学习过程，因需学习、因材施教的教育原则得以真正意义上的贯彻。由此可见，信息化为教育理念的实现提供了技术保障。随着知识信息的生产、传播和应用日新月异的高速发展，远程教育、终身教育、学习化社会已成为教育信息化发展的方向。

第三，从人才培养维度来看，进入21世纪，教育的外部环境和内部环境都将发生深刻的变化。科学技术革命，社会技术化和信息化的发展；市场经济全面构建，全球经济一体化；信息技术渗透到每个角落，知识更新和知识激增速度的加快；文化、思想、道德的发展和交流等，势必对学生的培养产生影响。因此，在逐步迈向信息化社会的今天，培养学生乐于不断获取新知，主动迅速地获取、筛选信息，准确地鉴别信息的真伪，创造性地加工和处理信息的能力，已成为现代人越来越重要的基本素质。不难看出，学生信息素养已成为科学素养的重要基础，教育信息化不仅符合时代的要求，也加快了教育现代化的进程。

第四，从政府行政维度来看，教育信息化不再是一句动员的口号，而是21世纪中国利用后发优势、实现教育跨越式发展的行动纲领。信息化作为一个庞大的系统工程，具有高科技、高投入、高风险的基本特征，这不得不使政府和校长在操作时慎之又慎。从国情出发，根据社会经济发展需要，突出重点，统一规划，统一组织，已成为教育信息化建设的基本策略。

我们认为教育信息化的内涵十分丰富，可以有多种理解。主要从以下三个方面解读。

第一，教育信息化是以现代信息化教育技术为主要推动力的。使用生产工具的水平是社会生产力发展水平的重要标志。这一点在教育发展的历史上同样如此。教育工具的创新总会引发教育各个方面的巨大进步和深刻变革。现代信息技术广泛应用于教育使教学工具进入信息时代。这种技术上的突飞猛进，使教育的时间和空间得到极大的拓展，使教育水平、方法、理念、体系、思想及内涵等方面都发生巨大的变革，使教育规模和教学效率得到全方位的提升。

第二，教育信息化的主要目的是全面提升学生的信息素养，以培养创新型人才。信息素养是指学生能够认识到何时需要信息、何处检索信息、如何评估和有效地利用信息的综合能力。国外的实践证明：信息素养是终身学习的基础，加强学生的信息素养教育和培养，对更好地实现终身教育具有重要的意义。教育信息化将为全面提高学生的信息素质奠定基础，使教育打破传统的时空限制，突破学校的围墙，超越国界、区域的樊篱，为创建与信息社会和知识经济相适应的新型教育形态，构建全球化终身教育体系奠定基础。

第三，教育信息化是实现教育现代化的一个渐进的复杂过程。任何技术的发明及知识的应用和发展都是一个由浅入深、由简单到复杂的动态过程。教育信息化也必将随着信息技术的进一步发展和应用而不断随之深化，也将随着人们对其知识的认识和接受程度而不断向前推进，其最重要的目标是建立与信息技术相适应的新型教育形态，实现教育的现代化。教育现代化是一个有着丰富内容和深刻内涵的历史范畴，也是整个社会现代化的一个重要有机组成部分。

综上所述，从教育与技术进步、经济和社会发展的密切关系来看，教育信息化其实是指以现代信息技术为动力，以培养创新型人才为目的，以实现教育现代化为目标，全面推进教育领域的创新和发展，使之成为与信息社会相适应的新型教育形态的一个动态过程。

第二节　教育信息化的特征

进入 21 世纪，信息化时代的主要特征便是数字化、网络化，教育作为社会系统的子系统，在信息技术和网络技术高速发展的推动下，教育系统既具有一些相类似于信息时代的特征，也具有一些自己的特点。关于教育信息化的基本特征，有多种不同的认识，南国农教授认为大致可以归纳概括为“五化三性”。五化是指教育信息显示多媒化、教育信息处理数字化、教育信息存储光盘化、教育信息传输网络化、教育信息管理智能化。三性是指开放性，即它能超越时空，使教育向所有需要和愿意学习的人开放，并实现资源共享；

非线性，即它的学习内容和方式都打破了传统的线性框框，在电子课本和网上教材中，知识间的联结不再是线性的，而是网状的、发散的、板块的，可以有多种组合和检索方式，它是一个因人施教的系统，照顾着每个学习者的需求；交互性，即它能实现人—机的双向沟通和人—人的远距离交互学习，促进教师与学生、学生与学生、学生与其他人之间的多向交流。

祝智庭教授则认为，对于教育信息化的特征，可以从技术层面和教育层面加以考察。信息时代的主要特征是数字化、网络化。教育作为社会系统的子系统，在信息化和网络技术高速发展的推动下，教育系统完全突破了国家的界限，实现了教育交流的无国界性，即教育资源全球化、网络化。与此同时，多样化、开放化也是教育信息化这一社会过程与生俱来的特征。我们认为，教育信息化究其本质就是在教育领域运用现代信息技术，所以可以从教育层面和技术层面两个方面的特征来概括教育信息化的特征。从教育层面来看，教育信息化的基本特征是数字化、网络化、智能化、共享化、多媒体化、自动化和虚拟化；从技术层面来看，教育信息化的基本特征是开放性、共享性、交互性、协作性、自主性和多样性。

一、教育层面的特征

（一）数字化

数字化是指教学手段、教学内容和教学方法更多地采用数字化的方法和内容。信息时代又被称为数字时代，电子计算机的发明彻底改造了生活的方方面面。各种传统信息传递方式及传统信息承载体已经越来越多地被数字信息方式和数字资源所替代，这在教育领域表现得越发明显。数字化使教育信息技术系统的设备简单、性能可靠和标准统一，这些都为构建学习型社会奠定了良好的基础。数字化的电子教科书、参考书、图书馆数字电子资源和教育数据库等广泛应用，使教育的内容日益丰富多彩，使用效益得到惊人的提高。

（二）网络化

网络化是指传统的面对面教学模式越来越多地被网络教学模式所替代，信息资源可共享，活动时空更少限制。信息网络是21世纪发展最迅猛的信息技术，也是对教育领域改变和影响最大的信息技术。网络化具体是指传统的面对面教学模式可以被网络教学、虚拟教学所替代，完全突破了时间和空间的限制，最大限度地调动一切可以利用的资源为教育服务。教育空间网络化的发展使全球通信在一瞬间完成，极大地拓展了教育的时间和空间，“多媒体大学”“虚拟大学”迅速发展。

（三）智能化

教育技术智能化是指为实现教育的功能和目标所采用的技能、手段和工具已经越来越发达，甚至接近人工智能。现代信息技术广泛应用于教育领域，工具的智能化能极大推进教育效率和效果的双重优化，是加速信息化、提高其智能化水平的直接动力。教育领域智能化，使各种先进系统能帮助人们实现教学行为人性化、人机通信自然化、繁杂任务代理化等。

（四）共享化

共享化是指随着信息技术的发展，各种技术和资源在教育领域被越来越多地、越来越容易地分享、共享。利用已建成的各种通信基础设施，各种局域信息网络，特别是 Internet，全世界的教育资源已经连成一个信息海洋，供广大教育者和学习者随时随地共享使用，打破了过去教育资源各种形式的封闭和垄断，使全球教育资源的共享化程度大大提高，从而不仅有利于全球教育资源的充分利用与质量和效益的极大提高，而且有利于缩小国家和地区之间教育发展的差距。

（五）多媒体化

多媒体化是指传统的教学手段日益被丰富多彩的多重感官共同刺激的新式教学手段所替代。从教学的各个环节来看，都越来越多媒体化。更多地利用超媒体技术，使教学内容表示更具动态化、形象化。已经有越来越多的教材和工具书变成多媒体化，它们不但包含文字和图形，还能呈现声音、动画、录像甚至模拟的三维立体景象。

（六）自动化

管理自动化就是利用计算机管理教学的过程，目前已经投入利用的包括计算机化测试与评分、学习问题诊断、学习任务分配等功能。通过为学生建立电子学档，其中包含学生身份信息、活动记录、评价信息、电子作品等，可以支持教学评价的改革，实现面向学习过程的评价。

（七）虚拟化

教育环境虚拟化意味着教学活动可以在很大程度上脱离物理空间及时间的限制，这其实是网络化教育的重要特征。现代已经涌现出一系列虚拟化的教育环境，包括虚拟教室、虚拟实验室、虚拟校园、虚拟学社、虚拟图书馆等。虚拟教育可分为校内模式和校外模式。校内模式是指利用局域网开展网上教育；校外模式是指利用广域网，特别是利用互联网进行远程教育。

二、技术层面的特征

（一）开放性

现代信息技术引进打破了以学校教育为中心的教育体系，使教育更具开放性。教育信息化的最重要手段是基于网络平台的，而计算机网络是当今最开放的面向对象的系统，这主要体现在内容开放、结构开放、功能开放。

（二）共享性

共享性使大量丰富的教育资源和各种先进的教学手段为全体学习者共享，而且取之不尽；从信息社会的本质来看，共享性就是信息化的本质特征和最终目的。

（三）交互性

交互性能实现人—机的双向沟通和人—人的远距离交互学习，促进教师与学生、学生与学生、学生与其他人之间的多向交流。交互式教学软件的开发和应用，强调了师生之间思想、情感和文化的交流，学生独立思考和创造性学习得到鼓励和有力的技术支持，教学由单向灌输改为多向交流，师生之间建立起更加民主平等的关系。

（四）协作性

协作性为教育者提供了更多的人与人、人与电脑协作完成任务的机会。通过相互协作的方式进行教学和学习活动也是当前教育的一个重要发展方向。信息技术在支持协作学习方面可以起到重要的作用，其形式包括通过计算机进行合作（如在网上合作进行学习）等。

（五）自主性

学生学习日益具有自主性，由于以学生为主体的教育思想日益得到认同，教育信息化使学生学习的自主性、独立性及个性大大加强。这些个性体现在通过计算机和网络，学生可以自主地选择教材和教师，自己安排课程和课时。例如，利用人工智能技术构建的智能教师系统能够根据学生的不同个性特点和需求进行教学和提供帮助。至此，学生才真正成为教学的中心，教育培养创新人才的目标得到更好的支持，学生将更具有自主性、个性和创造性。

（六）多样性

教育服务的对象日益多样性，表现在允许和包容各种形式的教育，如学校教育、在职培训教育、社区教育及自学教育等，关键是受教育服务对象不再局限于在校学生，这些变化为形成终身学习、终身教育的学习型社会提供了技术支持、网络平台和信息基础。教育信息化的进程及教育服务对象多样性的发展过程也是教育全民化的历史进程。多样性既依赖于信息技术、教育思想观念乃至整个社会的发展进步，又对教育和社会进步形成巨大的推动力。

第三节　教育信息化的影响与意义

信息化变革重塑了人类社会生活的各个方面，教育信息化也重塑了教育领域的各个方面，教育信息化的出现和发展对于人类教育事业意义非凡。教育信息化的一个重要手段就是计算机和网络技术的运用，尤其是网络作为当今最开放的系统，具有公开性、快速性、广泛性等诸多特点。教育信息化的重要意义就在于通过信息技术和网络技术的运用，在国际层面上，使教育资源得以在全球范围内共享，弥补了发达国家与发展中国家在教育手段上的巨大差距，有利于发展中国家吸收借鉴先进的教育手段，掌握最新发展趋势，践行最先进的教学理念等；在国内层面上，使教育对全社会开放，特别是对那些无法接受高等教育和专业技术教育的人来讲，使他们同样能够接受各种教育，实现梦想。除此之外，教育信息化还在一国领域内，实现了学校之间、专业之间、师生之间的全方位交流。

一、教育信息化对教育内部的影响

信息技术在学校中的广泛应用，对学校产生十分显著的影响。学校教育中，教师、学生、教学设施是其基本的构成要素和主体，教育信息化的深入展开，使教师的教学作用、学生的学习能力、教育设施的工作性能等方面都发生了深刻的变革。

教育信息化给教育带来根本的变革主要表现在以下六个方面。

（一）教育思想和教育观念变革

传统的教育观念强调的是以知识的传授为中心，在专业设置、课程建设、教学组织、教学方法等方面的工作都围绕着这个中心展开。在现代信息社会，对人才的要求不仅是掌握知识的多少，更重要的是获取知识的能力，因此就要求我们改变传统的教育思想和教育观念，在教育的“知识观”“学习观”和

“人才观”上进行根本的变革，将教育从传统的“传授知识”转到“培养能力”这个轨道上来。

（二）教育目的变革

随着时代社会的发展，教育目标也随之发生变化。当今的教育信息化，使教育从封闭逐步走向开放化、大众化，增加了远程教育、网络大学等新式的教学模式，教学的内容也日益数字化、多媒体化，这些都极大地拓展了教育的时空，扩大了教育的对象，使大众教育、终身教育成为可能，提高了人的个性发展和素质，使高等教育的目的增加了人的自我发展、自我完善这一自然属性。

（三）教育模式变革

教育信息化的发展使教育走向了社会，走向了平等，其方方面面已经融入人们的教育生活中，人们可以更自由地选择学校、教师、课程，充分体现了教育办学的开放化。现代信息技术的应用，使教学的组织形式也更加灵活、方便，教学计划更加柔性，教学更加有针对性、可设计性。当今的信息社会，知识更新周期加快，竞争压力增加，促使人们更加重视学习，接受高等教育和继续教育的需要已经成为社会性的需求，因此学习将更加社会化、终身化。

（四）教学内容和教学方法变革

在教学内容上，教师借助信息化时代的网络检索功能吸收本学科最新、最前沿的知识，运用到课堂教学中，使学生学到最新的知识。在教学方法上，通过应用网络、多媒体等现代信息技术改变了传统数学方式，创设了良好的学习情景，能够便捷、精炼地表达教学内容，突出双向性、参与性、互动性，更好地培养学生的综合能力。

（五）师生关系变革

传统的教学模式以教为主，是单向传输模式。教育信息化使教师的作用发生变化，从知识的传递者转变为学习的组织者和协调者；学生利用现代信息技术接受本学科最新、最前沿的知识，从被动学习者转为学习的主人，师生之间的角色因此发生了变化。

（六）教育评价制度深刻变革

教育信息化使各级学校办学行为更具有透明性和开放性，社会机构对学校的关注也将更加紧密和深入，最重要的是教育评价的主体也将由政府转向社会，这都有利于教育现代化的发展。教育评价的内容也随之发生变革，其中学生能力评价由过去只注重知识向更加注重能力方向转变、由过去单纯考试导向向考试与实践等多种方式相结合方向转变，这些变化都得益于信息化技术的飞快发展。在各级学校办学条件评价中，由过去只注重设备等硬件指标向侧重资源建设等软性指标转变。

二、教育信息化的深远意义

教育信息化不仅给教育发展带来了以上众多深刻的转变，在过去、现在和未来，其对教育的发展具有重要的意义，主要表现在以下几个方面。

（一）教育信息化是教育现代化必由之路

根据国外成熟经验，一国的教育现代化至少包括教育思想现代化、教育内容现代化、教育方法现代化、教育技术手段现代化、教育设施现代化、教育管理现代化等。显而易见，在以上教育现代化的诸多要素中，哪一化都离不开教育信息化。教育信息化一方面为教育现代化提供了方法、途径和前提；另一方面，在教育信息化的过程中必然会出现许多新问题，需要我们利用教育信息化的理念去分析、认识、解决。教育信息化更是教育现代化的重要内容，是实现教育现代化的重要步骤，是教育现代化的根本目的。可以说，没有教育的信息化，就不可能实现教育的现代化。只有大力促进教育信息化的发展，才能极大地促进教育现代化的进程。

（二）教育信息化有利于缩小地区之间的教育差距

几千年来，学校一直是教育实施的主要场所，在包括现阶段在内的相当长的一段时期内，我国各类人才的培养还是主要依赖于学校。但是由于我国幅员辽阔，经济发展不均衡，各地的教育规模、教育水平之间的差异很大，这使以学校教育为中心的教育体系无法从根本上消除地区之间的教育差距，现实情况还可能是差距越拉越大。这种现状导致无法实现“建设学习型社会、构建终身教育体系”的宏伟目标。

从20世纪末至今，教育信息化已经深刻改变了这种情况。随着教育信息化的实施、远程教育网络的实现，受教育者的学习可以不受时间、空间的限制，这种方式改变了以学校教育为中心的教育体系，人人都可以接受教育，体现了教育的平等性，非常有利于弥合地区之间的教育差距和全民素质的提高。这种开放式的教育网络也为人们实现终身学习提供了保障，教育信息化对提高全民素质具有重要的意义。从现阶段来看，我国教育信息化的重点主要是学校和专门的教育机构，主要内容包括在中小学普及信息技术教育，中小学“校校通”工程和高校“数字校园”建设，以及现代远程教育等。但是从长远来看，教育信息化必然会延伸到家庭和社会的各个方面，这种趋势已经显现。其中，家庭教育信息化和现代远程教育的实施，将为全体国民提供更多的接受教育的机会，使受教育者的学习不受时间、空间的限制，真正实现学习型社会和终身教育的内涵——人人学习、处处学习、时时学习，最大限度地保障每个国民接受教育的平等性。那时候教育的场所就不只限于学校，全社会已经成为一所大学校。这种发展有利于从根本上消除由于地区之间经济发展的不平衡所产生的教育水平的差距，使全体国民的综合素质普遍提高。

（三）教育信息化有利于创新人才培养

我国教育的根本目标是培养创新人才，创新人才的培养主要依托于变应试教育为素质教育、创新教育，教育信息化为素质教育、创新教育提供了环境、条件和保障。学生利用教育信息化的环境，通过检索信息、收集信息、处理信息、创造信息，实现知识的探索和发现，这对创新人才的培养具有重要的意义，是我们必须坚持的发展方向。

什么是创新人才？创新人才就是具有自己鲜明的个性特色、善于独立思考、具有广博的知识、富有创新精神和创造能力、各方面素质全面发展与个性发展圆满结合的人。可以说，培养创新人才是教育的根本目标，教育信息化有利于素质教育的实施和创新人才的培养。这主要有以下几个原因：一是教育信息化为素质教育的实施创造了良好的环境，使因材施教和个性化教学能够更好地实施。二是在信息技术环境下，一方面学生可以根据个人志趣与个性差异对所学的知识和学习进程在一定程度上进行自主选择；另一方面，学生可以对某一专题的相关内容通过信息检索、收集和处理，解决学习中的问题，有利于丰富学生的知识面，培养其独立思考能力和创新能力。三是利用教育信息化提供的网络资源可将抽象的道理形象化，通过鲜明的形象感化和对比，帮助学生形成良好的思想品德和学会更多的贴近现实的知识。

（四）教育信息化促进教育理论发展

教育信息化是教育的一场重要变革，在这个过程中必将出现许多问题，许多现象需要我们去解决、认识，这些问题的解决、认识将有效地推动教育理论的发展。教育信息化的过程是信息科学在教育中不断应用的过程，在这个过程中出现的许多问题、许多现象往往需要用信息科学的理论、方法才能进行解决，才能予以深刻的认识。在这个过程中将孕育着一门新兴的学科——教育信息科学。教育信息科学是一门利用信息科学的理论、广泛研究学习过程的教育理论，也是一门关于教育的信息科学。

（五）教育信息化有利于教育信息产业发展

教育信息化的发展过程是一种信息技术在教育领域中广泛应用的过程，这个过程必将极大地推动教育信息产业的发展。全国有 60 多万所各级学校、上亿名学生，还有数千家教育相关企业。在这些学校全面推进教育信息化，对我国的信息产业、对我国的经济发展孕育着一个极大的商机，提供了一个很大的发展机遇。

大力促进教育信息化发展就是为国家培养现代化所需的创新人才。教育信息化对于我国未来的经济发展、人民生活水平提高、居民素质提升等各方面都具有重要的意义。因为教育信息化不仅有利于提高教育质量和教育效率，也有利于培养学生的创新精神和实践能力，而且从主观和客观两个方面为学生的全面发展、全体发展、个性发展提供了条件和保障。

信息化是当今世界发展的大趋势，是我国经济加快发展和社会全面进步的重大战略机遇。我们必须坚持“以信息化带动工业化，以工业化促进信息化”，把教育信息化作为全面建设小康社会与构建社会主义和谐社会的重要举措。

教育信息化是未来发展的制高点，关系到科技、经济、社会、文化、政治、军事、国家安全的全局。教育信息化水平是衡量一个国家现代化程度、综合国力、国际竞争力、经济增长能力的重要标准。

第四节　教育信息化的发展趋势

国际经验证明，教育信息化的快速发展必须适应客观环境的教育思想、教育观念指导信息技术在教育的各个部门、各个领域中应用，必须紧紧抓住培养创新人才这个根本要求，全方位、多层次地利用先进的信息技术，探索更好的教育模式，才能最大限度地促进教育的现代化。我国以前的教育信息化发展往往陷入这样一个误区：认为把信息工具和信息技术引入教育过程即是教育信息化的发展，这是一种简单的线性思维。教育信息化的过程应该是教育思想、教育观念转变的过程，是把信息的理念灌输到教育系统的方方面面，对教学的各个环节进行分析的一个过程。只有在这样的理解的基础上，并基于此指导信息技术的教育应用，才是我们所需要的教育信息化。

教育信息化是全球教育领域的重点，各国在教育信息化方面有一些共同的发展趋势：第一，国家重视程度很高。尤其是在发达国家，政府高度重视教育信息化的发展，制定国家战略和行动计划，确保经费投入；在许多发展中国家，也把教育信息化作为摆脱贫困、振兴国家的重要举措，加大投入和建设力度。第二，基础设施建设日益完善。信息技术和基础设施融入了教育的各个层次和环节。主要包括资源建设，全社会都积极组织参与，在线资源日益丰富，为终身学习提供最好的服务。尤其是网络教育发展迅猛，在高校之间课程交换、学分互认初见端倪，虚拟学校正在形成。第三，传统课程的信息化改造愈演愈烈。发达的信息技术应用于教学的形式日益多样，信息呈现多媒体化，多种技术扩展了人机交互的发展。第四，人才培养受到最大重视。各国都非常重视师资培训、信息技术教育普及和初、中级信息化专业技术人才的培养，信息技术教育列入正式课程，开课年级有提前的趋势。

总之，在当今世界，最重要的教育信息化发展趋势就是虚拟数字化校园（Digital Virtual Campus），通过虚拟数字化校园进一步拓展教育的时空维度，实现学校教育环境的数字化和网络化，并全面整合校内外教育资源，实现教育资源的网格化存储、获取、传输与共享，从而完成信息化协同教学，有效支持高等教育活动，大幅提高管理效率，提升大学生、研究生的培养质量，有力地支撑高等教育的改革创新。

我国教育信息化的发展趋势概括起来主要包括四大方面：传统教育模式变革、教育思想理念转变、数字教育资源共享、教育管理模式改革。

一、传统教育模式变革

基于现代信息技术产生了许多新的教育模式，传统的以课堂和教师为中心的“面对面”的教育模式受到全面挑战。这些新产生的教育模式大都秉持这样一种理念：更强调以学生为中心，更强调灵活性与方便性，更强调学习的主动性等。但它的缺点也显而易见：缺少面对面的交流，完全陌生的学习环境，容易造成学习上的困难等。因此，未来的教育应该是传统教学模式和应新信息技术而生的新教学模式并存的局面。目前已提出的并且在现实中已经运用的各式各样的基于网络的新教育模式主要有 e- 学习（e-learning）、e- 学院（e-college）、e- 大学（e-university）、e- 学位（e-degree）等。这些模式在现代教育中日益发挥更大的作用，但是这些模式如何相互结合，达到优势互补、相辅相成，是促进教育信息化发展的重要方面。

教育信息化使以教师为中心、面对面、以“照板 + 粉笔”为主导的正规教育里的传统教学模式受到很大的冲击。首先，信息技术进入传统的课堂，多媒体、网络等新技术手段取代了“黑板 + 粉笔”，使课堂教学更加生动、有效。除此之外，信息化还带来大量网络教学的新模式，如网站教学、视频会议式互动教学、网络辅助教学、资源型学习、兴趣学习、互动学习等。这些新的教学模式与传统的模式相比，不仅形式新颖，还引进了许多新的教学理念，如强调以学生为中心、更加注重发挥学生的主动性等个性化的教育方式。信息化不仅从各个方面影响了学校的正规教育，而且使函授、业余教育等传统的远程教育，无论从内容上还是从形式上都发生了巨大的改变。基于网络的现代远程教育正在对普及各个层次教育、提高国民素质及实现终身学习等方面产生重大的影响。

二、教育思想理念转变

信息革命给传统教育思想带来巨大的冲击，那么未来学校的任务和功能是什么？我们需要从以下几个问题进行思考。如何消除教育界的“数字鸿沟”？高校信息化是否可以给落后地区、弱势群体带来更多的和同等的教育机会？教师在未来高校教育中的作用、新的教与学的关系是怎样的？学校的正规教育与面向社会的大众教育、精英教育与普及教育、学历教育与终身学习的关系是什么等。理顺这些问题，就可明确未来高校的任务和功能。这些问题都指向教育思想观念的转变，现代信息技术的发展从思想层面重构着现实生活的各个方面，教育领域也不例外。

三、数字教育资源共享

教育信息化提供的另一个重要机遇是数字教育资源的共享与利用，这一点也将全面而深刻地改变我国整个教育的面貌。特别是 20 世纪末互联网出现后，教育资源共享已经国际化，我们更要顺应这个历史潮流。从教学的角度来看，通过网络的资源共享，我们有可能学习享用最先进的教学内容和教学方法，真正实现国际化的远程教学模式。通过网络技术发展促使教学资源共享，我们有望在较短的时间里缩短我国与先进国家的教育差距，同时能够缩短我国东西部地区之间的教育差距。对于高等教育来说，数字图书馆、虚拟实验室、电子资源库等多种方式的运用，各种资源的共享，将把高校及科研院所的科学研究结合起来，促进对本科生尤其是博士生和硕士生等高层次人才的培养，可以较快地缩短我们与发达国家的教育差距。因此，我国数字（教育）资源的建设与利用是高校信息化面临的重要课题。

四、教育管理模式改革

信息化不仅影响到学校的主要教学与科研活动，带来传统教学、科研的巨大变化，也会给学校现行的运行体系与管理机制提出挑战，推动它们的变革。推动这种变革的动力来自两个方面：一方面是信息化带来传统教学、科研模式的变化，需要新的管理机制；另一方面是以信息技术为手段的校务管理，也需要新的机制，即需要一个虚拟的数字化校园来支撑。虚拟数字校园的基础建设也将成为高校信息化建设的重要组成部分。

第二章　高校教育管理概述

第一节　高校教育管理的内涵与价值

一、高校大学生教育管理的内涵

研究高校大学生教育管理，首先就要明确其内涵。而要全面、深入地把握高校大学生教育管理的内涵，就要弄清高校大学生教育管理的含义，了解高校大学生教育管理的特点，明确高校大学生教育管理的目标。

（一）高校大学生教育管理的含义

管理，就其字面意义而言，就是管辖、处理的意思。管理的涉及面极其广泛，人们往往按照某种需要、从某种角度来看待和谈论管理，因此对管理也就形成了多种不同的解释。即使是在管理学界，对管理也有多种不同的定义。有的从管理职能和过程的角度，认为管理是由计划、组织、指挥、协调和控制等职能为要素组成的过程；有的强调管理的协调作用，认为管理是在某一组织中，为完成目标而从事的对人与物质资源的协调活动；有的突出组织中的人际关系和人的行为，认为管理就是协调人际关系，激发人的积极性，以达到共同目标的一种活动；有的从决策在管理中的重要地位的角度出发，认为管理就是决策；有的从系统论的角度出发，认为管理就是根据一个系统所固有的客观规律，施加影响于这个系统，从而使这个系统呈现一种新的状态的过程。这些不同的定义，从各个不同的角度揭示了管理活动的特性。

综上所述，我们可以对管理的概念做以下表述：管理是在一定的社会组织中，人们通过决策、计划、组织和控制，有效地利用人力、物力、财力、时间和信息等各种资源，以达到预定目标的一种社会活动过程。

高校大学生教育管理是高等学校管理的一个重要组成部分，也是高等学校人才培养工作的一个重要环节。因此，高校大学生教育管理既具有管理的一般本质，又有其自身的特殊本质。这主要表现在以下几点。

（1）高校大学生教育管理是在高等学校这一特定的社会组织中进行的。

任何管理活动都是在一定的社会组织中进行的。正如马克思所说的："凡是有许多个人进行协作的劳动，过程的联系和统一都必然要表现在一个指挥的意志上，表现在各种与局部劳动无关而与工场全部活动有关的职能上，就像一个乐队要有一个指挥一样。"高等学校是系统培养专门人才的社会组织，大学生的教育和培养是其首要的和基本的任务。高校大学生教育管理也就是高等学校为实现这一任务而进行的特殊的管理活动。

（2）高校大学生教育管理的目的是实现高等学校的人才培养目标，促进大学生的全面发展。

管理总是有一定的目的，管理的目的就是要实现一定社会组织的某种预定目标。世界上既不存在无目标的管理，也不可能实现无管理的目标。高校大学生教育管理作为高等学校人才培养工作的一个重要环节，其目的就是要实现高等学校在人才培养方面的预定目标，促进大学生的全面发展，使之成为德智体美劳全面发展、富有创新精神和实践能力的中国特色社会主义事业的建设者和接班人。

（3）高校大学生教育管理的实质是要有效地利用学校的各种资源，为大学生的成长成才提供指导和服务。

高校大学生教育管理的任务是要为大学生顺利完成学业、健康成长成才提供各方面的指导和服务，包括对大学生行为和大学生群体的引导、为家庭经济困难学生提供的资助服务、为毕业生提供的就业服务等。为此，就需要通过科学的决策、计划、组织和控制，有效地利用学校的各种资源，包括人力、物力、财力、时间和信息等。综上所述，高校大学生教育管理是指高等学校为实现人才培养目标，促进大学生全面发展，通过决策、计划、组织和控制，有效地利用各种资源，为大学生成长成才提供各种指导和服务的社会活动过程。

（二）高校大学生教育管理的特点

高校大学生教育管理作为高等学校为实现人才培养目标而为大学生提供的引导与服务，有其自身显著的特点。

1. 突出的教育功能

高校大学生教育管理是高等学校人才培养工作的重要组成部分，因此高校大学生教育管理既具有管理的属性，又具有教育的属性，有着突出的教育功能。

（1）高校大学生教育管理的目标服从和服务于大学生教育的目标。大学生是为了接受大学教育而跨进大学之门的，高校大学生教育管理则是高等学校为实现大学生教育目标，促进学生圆满完成大学学业而实施的特殊管理活动，因此高校大学生教育管理的目标必然服从和服务于大学生教育的目标。一方面，大学生教育目标是制定高校大学生教育管理目标的基本依据。实际上，高校大学生教育管理目标也就是大学生教育目标在高校大学生教育管理活动中的贯彻和体现，是其在高校大学生教育管理领域的分目标。离开了教育目标，高校大学生教育管理也就偏离了方向。另一方面，大学生教育目标的实现有待于高校大学生教育管理目标的实现。高校大学生教育管理是实现大学生教育目标的重要手段，只有通过有效的管理，建立和保持正常的教育教学和生活秩序，充分调动大学生学习的积极性和主动性，为大学生提供各种必要的指导和服务，才能保证学校教育教学活动的顺利进行和学生的健康成长。没有有效的高校大学生教育管理，教育目标也就不可能实现。

（2）教育方法在高校大学生教育管理方法体系中具有突出的作用。教育方法是包括高校大学生教育管理在内的现代管理活动中最经常、最广泛使用的一种基本手段。这是因为一切管理活动都离不开人，而人是有思想的，人的活动总是由一定的思想意识支配的。正如恩格斯所说的："推动人去从事活动的一切，都要通过人的头脑。"因此，任何管理活动都要坚持思想领先的原则，注意做好人的思想工作，通过影响人的思想去引导和制约人们的活动。而高校大学生教育管理作为大学生教育和培养工作系统中的一个重要组成部分，也就必然要更加注重运用教育的手段，以增强高校大学生教育管理的实效性。同时，教育方法也是高校大学生教育管理中其他方法顺利实施并收到实效的基础。高校大学生教育管理的法律方法、行政方法和经济方法的实施，一般都都要加以思想道德教育，才能取得良好的效果。

（3）高校大学生教育管理过程也是教育大学生的过程。高等学校是教育和培养专门人才的场所，高等学校的一切工作都应当对学生起到良好的教育和影响作用。直接面向大学生所实施的高校大学生教育管理工作，当然更是如此。事实上，在高校大学生教育管理过程中包含着十分丰富的教育因素。高校大学生教育管理过程中所贯彻的以人为本、民主法制公正和谐的理念，所体现的从学校和学生的实际出发、遵循教育规律和管理规律实事求是的科学精神，所采用的民主管理、依法管理、科学管理的方法等都会对学生起到潜移默化的影响。高校大学生教育管理过程中所实行的依据大学生成长成才的规律和要求制定的各项规章制度，都会对大学生起到思想导向、动机激励和行为规范的作用。高校大学生教育管理过程中管理人员的情感、态度和言行也会对大学生起到表率和示范作用。由此可见，高校大学生教育管理的过程也是教育学生的过程，并直接影响着大学生思想品德的形成与发展。

2. 鲜明的价值导向

高校大学生教育管理总是为一定社会培养人才提供服务的，高校大学生教育管理的目的、管理体制和管理形式总是受到社会的经济基础、政治制度和意识形态的制约。因此，高校大学生教育管理必然具有鲜明的价值导向，它总是贯穿并体现着一定社会的主导价值体系，并直接影响着大学生价值观的形成、变化与发展。我国是人民民主专政的社会主义国家，我国的高等学校是为社会主义建设事业培养专门人才的。这就决定了我国的高校大学生教育管理必然要坚持社会主义的价值导向。具体地说，高校大学生教育管理的价值导向主要体现在以下几个方面。

（1）高校大学生教育管理的价值导向集中体现在管理目标中。目的性是人类实践活动的基本特征。而人的实践活动的目的，总是基于一定的需要和对实践对象的属性及其变化趋势的认识与判断，因此总是体现着一定的价值观念。高校大学生教育管理的目的同样如此。事实上，高校大学生教育管理的目的及作为其具体展开的整个目标体系，都是基于一定的价值观念确定和设计的，都贯穿和体现着一定的价值观念和价值追求。因此，高校大学生教育管理的价值导向不仅对管理者的管理行为和大学生的日常行为起着导向、激励和评价作用，而且会对大学生价值观的形成和发展起到重要的引导和促进作用。例如，建立和维护良好的教育教学和生活秩序是高校大学生教育管理的重要目标，这一目标就体现了“有序”的价值，因此这一目标的执行，又会促进大学生形成“有序”的观念。同时，高校大学生教育管理是大学生教育的重要环节。为谁培养人，培养什么样的人，始终是大学生教育的首要问题，当然也是高校大学生教育管理的首要问题。显然，对这个问题的解决，必然鲜明地体现着一定的价值观念和价值追求。在我国现阶段，也就是要体现社会主义核心价值体系，体现实现中国特色社会主义的共同理想对人才培养的要求。因此，我国高校大学生教育管理的目标也必然要体现社会主义的价值导向。

（2）高校大学生教育管理的价值导向突出体现在管理理念中。高校大学生教育管理理念是高校大学生教育管理的指导思想，直接制约着高校大学生教育管理的原则和方法。而高校大学生教育管理理念也总是体现了社会的价值体系，并往往是社会的先进的价值观念在高校大学生教育管理中的贯彻和体现。例如，高校大学生教育管理中的“以人为本”的理念，就是我们党所坚持的“以人为本”的价值观念在高校大学生教育管理中的贯彻和体现。在高校大学生教育管理中全面贯彻"以人为本"的理念，坚持做到"关心人、尊重人、依靠人、发展人、为了人"，必然会对学生正确认识人的价值，确立"以人为本"的价值观念产生积极的影响。

（3）高校大学生教育管理的价值导向具体体现在管理制度中。科学而又严密的规章制度，是高校大学生教育管理的基本手段，也是高校大学生教育管理规范化、制度化和法制化的基本保证和主要标志。而管理规章制度总是人们在一定的价值观念指导和影响下制定出来的，总是体现着一定的价值导向，具体表现为要求大学生做什么，不做什么；鼓励和提倡做什么，反对和禁止做什么；奖励什么样的行为和表现，惩罚什么样的行为和表现等。高校大学生教育管理制度中的这些规定无不体现着鲜明的价值导向。

3. 复杂的系统工程

和任何管理活动一样，高校大学生教育管理也是一项系统工程，具有整体性、层次性、动态性和开放性。同时，高校大学生教育管理又有其特殊的复杂性，因此是一项十分复杂的系统工程。

（1）高校大学生教育管理的任务是复杂的。既要紧紧围绕大学生的中心任务，加强对学生学习行为和实践活动的管理和引导，又要切实为大学生的健康成长着想，加强对学生日常行为包括交往行为、消费行为、网络行为的管理和引导，及时发现、校正和妥善处理学生的异常行为；既要加强对大学生现实群体包括学生班级、学生党团组织、学生社团和学生生活园区的管理和引导，又要适应网络时代的新情况，加强对大学生以网络为平台形成的虚拟群体的管理和引导；既要对大学生在校园内的安全加强管理和引导，又要为大学生在校外的安全提供必要的指导和督促；既要做好面向全体学生的奖学金评定工作，以充分调动学生的学习积极性，又要做好面向家庭经济困难学生的资助工作，以帮助他们顺利完成学业；既要引导新生科学制定职业生涯规划，明确努力的具体目标，又要为毕业生提供就业、创业指导和服务，使学生能够在合适的岗位上施展自己的身手、实现自身的价值。总之，高校大学生教育管理渗透于大学生专业学习和日常生活的各方面，贯穿于大学生培养工作的所有环节和全部过程，其任务是复杂而又艰巨的。

（2）大学生是具有明显差异和鲜明个性的。高校大学生教育管理的对象是大学生，而大学生则有着显著的差异和鲜明的个性。他们各有其特殊的精神世界和思想感情，有着不同的气质、性格、兴趣、爱好和习惯。即使是同一个年级、专业、班级的学生，由于他们各有其特殊的生活条件和生活经历，他们的思想行为也各有其特点。同时，随着自主意识的增强，大学生普遍崇尚个性，追求个性的自由发展和完善。对于同一学生而言在成长变化不同的历史时期有着不同的特点。因此，高校大学生教育管理就不可能按照完全统一的要求、规格和程序来进行，而要善于根据大学生的个性特点，因人制宜，因势利导，有针对性地开展工作。这就使高校大学生教育管理具有特殊的复杂性。

（3）影响大学生成长的因素是复杂的。高校大学生教育管理的目的是要促进大学生的健康成长，而影响大学生成长的，不仅有学校教育因素，还有外部环境因素。外部环境的构成因素是复杂的。在现实世界中，所有与大学生的学习、生活、活动和交往有关的环境因素，都会或多或少地对大学生的成长发生影响。其中，既有社会的因素，也有自然的因素；既有物质的因素，也有精神的因素；既有经济的、政治的因素，也有文化的因素；既有国际的、国内的因素，也有家庭的、学校周边社区的因素；既有现实的因素，也有历史的因素。尤其是随着现代信息技术的迅猛发展，世界越来越紧密地联系在一起，大学生可以方便快捷地获取来自世界各地的信息，因此影响大学生思想行为及其成长的环境因素也就更广泛、更复杂。同时，外部环境对大学生的影响也是复杂的。一是其影响的性质具有多重性。其中，有积极影响，也有消极影响，二者往往交织在一起，同时发生作用。同样的环境因素相对于不同的大学生可能会发生不同性质的影响。例如，富裕的家庭经济条件对许多大学生是顺利完成学业的有利条件，但对有的大学生则成为铺张浪费、过度消费甚至不思进取、荒废学业的重要原因。二是其影响的方式具有多样性。有直接的影响，也有间接的影响；有显性的影响，也有隐性的影响；有通过对大学生思想情感的熏陶发生作用的，也有通过对大学生行为的约束发生作用的。凡此种种，不一而足。因此，在高校大学生教育管理过程中，管理者不仅要善于对大学生的学习和生活进行正确的指导，而且要善于正确认识和有效调控各种环境因素对大学生的影响，尽可能充分利用其对大学生的积极影响，防止、抵御和转化其消极影响。显然，这是一项十分复杂的工作。

二、高校大学生教育管理的价值

高校大学生教育管理对社会进步、高等学校发展和大学生成长、成才都有着重要的意义和价值。全面认识高校大学生教育管理的价值，是高校大学生教育管理研究的重要课题，也是切实加强和改进高校大学生教育管理的重要思想基础。

（一）高校大学生教育管理价值概述

价值本来是一个经济学的范畴。它是伴随着商品生产的出现而产生的。

在经济学领域中，价值指的是凝结在商品中的无差别的人类劳动。现在，价值范畴已经广泛地运用于社会政治、法律、道德、科技、教育和管理等各个领域中，成了人们评价一切事物的一个普遍的范畴。因此，价值范畴又具有了哲学意义上的新的内涵。在哲学意义上，价值是指客体对于主体的作用和意义，它体现了客体的属性和功能与主体的需要之间的一种特定关系，即客体属性和功能对主体需要的满足关系。价值作为一个关系范畴，不能离开主客体中任何一方而存在。一方面，价值离不开主体，主体的需要是衡量价值的尺度，只有能够满足主体需要的事物或对象，才具有价值；另一方面，价值也离不开客体，客体的属性和功能是价值的载体。价值的实质，也就是客体的属性和功能对主体需要的满足。

高校大学生教育管理的价值是指高校大学生教育管理对社会、高等学校和大学生所具有的作用和意义，也就是高校大学生教育管理的属性和功能对社会进步、高等学校发展和大学生成长、成才需要的满足。高校大学生教育管理价值的客体是高校大学生教育管理本身。高校大学生教育管理具有能够对大学生的成长和发展、对高等学校实现教育目标、对培养社会合格人才发挥作用的属性与功能。正是高校大学生教育管理的这些属性和功能构成了高校大学生教育管理价值的基础，高校大学生教育管理价值的主体是社会、高等学校和大学生。高等学校是高校大学生教育管理的实施者。高等学校之所以要实施高校大学生教育管理，是因为实现教育目标的需要，而高校大学生教育管理则具有能够满足这种需要的属性和功能。因此高等学校也就成为高校大学生教育管理价值的主体。同时，高等学校的教育目标又是依据社会对专门人才的要求和大学生自身发展的需要制定的，因此社会和大学生也就都成为高校大学生教育管理的主体。高校大学生教育管理价值所体现的就是高校大学生教育管理的属性和功能对社会、高等学校和大学生需要的满足关系。

高校大学生教育管理价值有以下显著特点。

1. 直接性与间接性

高校大学生教育管理对其价值主体的作用，就其作用的形式而言，有直接作用和间接作用。因此，高校大学生教育管理价值也就具有直接性和间接性的特点。高校大学生教育管理价值的直接性是指高校大学生教育管理能够不经过中介环节而直接作用于价值主体，以满足一定的需要。一般来说，高校大学生教育管理对大学生的影响和作用往往就是直接地发生的。高校大学生教育管理价值的间接性是指高校大学生教育管理需要通过一定的中介环节而间接作用于价值主体，以满足一定的需要。一般来说，高校大学生教育管理对于社会的影响和作用往往就是通过对大学生的影响和作用而间接地发生的。

2. 即时性与积累性

高校大学生教育管理价值的实现即高校大学生教育管理以自身的属性和功能对价值主体某种需要的满足总要经过一个或短或长的过程，因此高校大学生教育管理价值也就具有即时性与积累性的特点。高校大学生教育管理价值的即时性是指高校大学生教育管理活动在短时间内就能够迅速达到目标，从而满足价值主体的某种需要。例如，及时办理新生中家庭经济困难学生的助学贷款，以使他们能够跨进大学、安心学习；及时处理学生中发生的突发事件，以保障学生安全和校园稳定等。高校大学生教育管理价值的积累性是指高校大学生教育管理往往要经过一个相当长的过程，通过长期的工作积累，才能达到目标，从而满足价值主体的需要。例如，建立良好的教育教学秩序，以满足高等学校人才培养工作的需要；培养学生良好的思想品德和行为习惯，以满足社会发展与学生自身发展的需要等。这些就不是一朝一夕所能实现的，而是需要长期的工作积累。

3. 受制性与扩展性

高校大学生教育管理价值的受制性是指高校大学生教育管理价值的实现要受到其他各种因素的影响。因为高校大学生教育管理价值就是对大学生成长成才的作用和意义，而大学生的成长成才则还要受到高等学校内部其他因素和外部环境因素的影响。因此，高校大学生教育管理在大学生成长成才中作用的发挥，也就必然要受到其他各种因素的制约。当其他因素对大学生的影响与高校大学生教育管理的作用方向不一致，高校大学生教育管理就容易收到实效，高校大学生教育管理的价值也就易于实现。反之，如果其他因素对大学生的影响与高校大学生教育管理的作用方向不一致，高校大学生教育管理就难以收到实效，高校大学生教育管理的价值也就难以实现。高校大学生教育管理价值的扩展性是指高校大学生教育管理可以通过大学生的活动和影响对高等学校内部其他工作和外部环境因素发生作用，从而使自身价值得到扩展。例如，高校大学生教育管理通过对学生科技创新和创业活动的鼓励和支持，激发学生科技创新和创业的积极性，这就必然会推动学校的教学创新，以提高学生的科技创新能力和创业能力。再如，高校大学生教育管理通过对学生日常行为的引导，使学生养成了遵守社会公共道德规范、自觉维护公共秩序和环境卫生的行为习惯，这就必然会对学校周边环境的优化发生积极的影响。

4. 系统性与开放性

高校大学生教育管理价值的系统性是指高校大学生教育管理的价值是一个由多种维度、多种类型的内容构成的有机整体。按价值的主体，可分为社会价值、高校集体价值和个体价值。社会价值是高校大学生教育管理对社会运行和发展的作用和意义；高校集体价值是高校大学生教育管理对高等学校运行和发展的作用和意义；个体价值是高校大学生教育管理对大学生个体成长和发展的作用和意义。按价值存在的形态，可分为理想价值和现实价值。理想价值是高校大学生教育管理价值的应有状态，即高校大学生教育管理所追求的最终价值；现实价值是高校大学生教育管理的实有状态，即在现实条件下已经实现或正在实现的价值。还可以按价值的性质，分为正向价值和负向价值；按价值的大小，分为高价值和低价值等。高校大学生教育管理价值就是由上述各种价值组成的系统。高校大学生教育管理价值的开放性是指高校大学生教育管理的价值会随着价值主体需要和高校大学生教育管理功能的变化发展而变化发展。随着社会的发展，高校大学生教育管理服务对象的需要在变化发展，这就必然会促使高校大学生教育管理的功能发生相应的变化和发展，从而使高校大学生教育管理的价值得到增强和拓展。例如，随着计算机网络的发展及其对大学生的双重影响，要求高校大学生教育管理必须加强对大学生网络活动的管理和服务，从而使高校大学生教育管理的价值拓展到网络空间中。

（二）高校大学生教育管理的社会价值

高校大学生教育管理的社会价值是指高校大学生教育管理对社会运行与发展的作用和意义，即高校大学生教育管理的属性和功能对社会运行与发展需要的满足。高校大学生教育管理的社会价值集中表现在，它既是培养中国特色社会主义建设合格人才的重要手段，也是构建社会主义和谐社会的内在要求。

1. 培养合格人才的重要手段

中国特色社会主义事业的发展需要数以亿计的高素质的劳动者、数以千万计的专门人才和一大批拔尖创新人才。高等学校是人才培养的重要基地，其中心任务就是要为中国特色社会主义建设培养合格的专门人才。而高校大学生教育管理则是高等学校人才培养工作的重要手段，在培养合格人才中发挥着不可或缺的重要作用。

（1）维护正常的教育教学秩序。高等学校的教育教学活动总是按照一定的制度和规章有目的、有计划、有组织地进行的，建立和维护正常的教育教学秩序是高等学校教育教学工作的内在要求和基本条件。这就需要有严格的、科学的管理，包括高校大学生教育管理。高校大学生教育管理在维持高等学校教育教学秩序中具有特殊的重要作用。在高校大学生教育管理中，实行严格的学籍管理，按照一定的制度和规定，有序地做好有关学生入学与注册、课程和各种教育环节的考核与成绩记载、转专业与转学、休学与复学、退学、毕业与结业等各项工作，是建立正常的教育教学秩序的基础。实施系统的学习管理，引导学生明确学习目的，提高学习的主动性和自觉性，规范学生的学习行为，督促学生自觉遵守学习纪律和考试纪律，形成良好的学风，是建立正常的教育教学秩序的关键。加强对学生班级、学生社团等学生群体的管理，引导学生紧紧围绕学校的教育教学目标，有序地开展班级活动、社团活动和其他课余活动，是建立正常的教育教学秩序的重要条件。

总之，高校大学生教育管理是建立和维护正常的教育教学秩序的重要保证。没有有效的高校大学生教育管理，就不可能有正常的教育教学秩序。

（2）激励、指导和保障学生的学习行为。高等学校教育教学的过程是教师与学生双向互动、“教”与“学”辩证统一的过程。其中，“教”是主导，“学”是关键。学习是大学生的主要任务，是大学生能否成为合格人才的关键。而高校大学生教育管理则对大学生的学习行为起着重要的激励、指导和保障作用。高校大学生教育管理对学生学习行为的激励作用主要表现在：引导学生充分认识大学学习的社会意义和个体价值，明确学习目的，以激发学生的学习动机；运用颁发奖学金和授予荣誉称号等方式，表彰学业优秀的学生，以鼓励学生勤奋学习；把竞争机制引入学生的学习活动中，围绕学生的专业学习，组织各种竞赛活动，以激发学生的学习热情。高校大学生教育管理对学生学习行为的指导作用主要表现在：指导新生了解大学阶段学习的特点和要求，促进他们尽快实现学习方式从被动性学习到自主性学习的转变；指导学生根据社会需求和自身实际制定职业生涯规划，确定自己的职业生涯发展方向，从而明确学习的目标；指导学生掌握科学的学习方法，养成良好的学习习惯，不断提高自主学习的能力和学习效率；指导学生积极开展社会实践活动。注重在实践中加深对专业理论知识的理解，在实践中提高自己的专业技能。高校大学生教育管理对学生学习行为的保障作用主要表现在：加强资助管理，切实做好助学贷款和助学金的发放工作，组织和指导学生的勤工助学活动，为家庭经济困难学生安心学习、顺利完成学业提供必要的经济条件；开展学生学习心理的辅导，帮助学生克服学业焦虑等各种消极心理，以积极健康的心态对待学习等。

（3）培养学生的思想品德。中国特色社会主义建设所需要的合格人才不仅要具备良好的专业知识和能力素养，还要具备良好的思想品德。思想品德是指人在一定的思想体系指导下，按照社会的言行规范行动时，表现在个人身上的相对稳定的特征。它是以心理因素为基础的思想与行为的统一体。培养大学生良好的思想品德，不仅需要深入细致的思想政治教育，还需要有效的管理。这是因为人们良好思想品德和行为习惯的形成，有一个由他律到自律的过程。大学生各方面还未成熟，发展尚未稳定，加之各个学生的思想基础不同，接受教育的主动性、积极性和自觉性各不相同，因此大学生自我管理、自我约束的能力尚有欠缺并存在差异。要帮助大学生提高自理、自律的水平，使他们能够自觉地遵循社会的思想规范、政治规范、道德规范和法纪规范，并形成良好的行为习惯，就必须在加强思想政治教育的同时，加强对大学生各方面的管理，注重大学生日常行为规范的训练。通过高校大学生教育管理，科学制定并严格执行各项规章制度，强化行为管理和纪律约束，使大学生的学习、交往等各方面的行为都能够按照一定的规范有序地进行，这不仅有助于培养大学生良好的行为习惯，也可以为思想政治教育创造良好的环境条件，从而增强思想政治教育的效果。

2. 构建和谐社会的内在要求

实现社会和谐，始终是人类孜孜以求的社会理想，也是中国共产党和中国人民不懈奋斗的重要目标。自党的十六大以来，我们党对社会和谐的认识不断深化，明确提出了构建社会主义和谐社会的任务。社会和谐是中国特色社会主义的本质属性，构建社会主义和谐社会是发展中国特色社会主义的基本要求和重要保证。高校大学生教育管理作为对大学生这一特殊社会群体提供引导和服务的社会活动，在构建社会主义和谐社会中发挥着特有的重要作用，具有特殊的重要价值。

（1）高校大学生教育管理是维护社会稳定、实现社会安定有序的重要保证。我们所要建设的社会主义和谐社会应该是民主法治、公平正义、诚实友爱、充满活力、安定有序、人与自然和谐共处的社会。安定有序是社会主义和谐社会的内在要求和重要特征，也是实现社会和谐的基本条件。社会稳定则是安定有序的基本内容和重要表现，也是改革、发展的前提。邓小平在推进改革开放的过程中，反复强调稳定是压倒一切的，没有稳定的环境，什么都搞不成。而高校稳定是社会稳定的重要条件，高校稳定的关键则又在于大学生。这是因为大学生的思想尚未成熟，存在着显著的矛盾性。他们关心国家发展，关注时事政治，追求民主自由，并具有较强的政治参与意识，但尚缺乏政治经验和社会生活经验，政治辨别能力不强，因此容易受到社会上错误思潮和不良倾向的影响。同时，大学生正处于青年期，情感具有强烈性。

这既使大学生热情奔放，勇往直前，也使大学生易于冲动，甚至失去理智。成千上万的大学生集中在高等学校的校园内，如果缺乏正确的引导和有效的管理，一些不良的倾向和问题很容易在大学生中扩散开来，并造成不良的社会影响。因此，切实加强高校大学生教育管理，正确引导大学生的社会活动和政治行为，妥善解决大学生在学习、生活、交往和就业中碰到的各种矛盾和问题，及时处理大学生中发生的各种突发事件，以保持高等学校的稳定，对于维护社会稳定，实现社会安定有序具有特殊的重要意义。

（2）高校大学生教育管理是构建和谐校园的重要手段。高等学校是现代社会中不可或缺的重要社会组织，担负着培养人才、推进科技进步、传播先进文化的重要任务。构建和谐校园，是构建社会主义和谐社会题中应有之义，也是推进高等学校科学发展的内在要求。加强高校大学生教育管理，引导和组织大学生积极发挥在和谐校园建设中的主体作用，是构建和谐校园的重要保证。加强高校大学生教育管理，建立和完善学生参与民主管理的组织形式，引导、支持和组织学生依法参与学校的民主管理和实行自主管理，切实维护和保障学生在校期间享有的权利，引导和督促学生全面履行法律规定的义务，自觉遵守国家法律和学校管理制度，能够有力地推进高等学校的民主法制建设。加强高校大学生教育管理，妥善地协调学生与学校、学生与教师之间的关系，维护学生的正当利益，实事求是地评价学生的思想品德和学业成绩，公正地实施奖励和处分，正确地处理学生中的各种矛盾和问题，可以使公平正义在校园中得到弘扬。加强高校大学生教育管理，督促学生在学习考试、科学研究、人际交往和日常生活中坚持诚实守信，做到不作弊、不剽窃，引导学生尊敬师长、友爱同学、团结互助，才能在校园中形成诚信友爱的良好风气。通过高校大学生教育管理，充分调动学生的积极性和创造性，围绕专业学习，开展丰富多彩的社团活动和社会实践活动，鼓励、组织和支持学生开展科学研究、进行创造发明、尝试创业活动，才能使校园真正充满活力。通过高校大学生教育管理，建立和维护学校正常的教育教学秩序和生活秩序，加强学生的安全教育和管理，保障学生的身心健康，有效地预防和妥善地处理学生中的突发事件，努力建设平安校园，才能使校园实现安定有序。通过高校大学生教育管理，引导和督促学生自觉维护校园环境，节约使用水、电等各种资源，才能使校园成为人与自然和谐共处的生态校园。

（3）高校大学生教育管理是促进大学生集体和谐发展的重要手段。包括大学生党团组织、班级、学生会、社团等等在内的大学生集体是大学生政治、学习和日常生活的基本组织形式，直接影响着大学生的思想和行为，是大学生思想政治教育和管理的重要载体。大学生集体的和谐发展，不仅直接关系着大学生个体的健康成长和全面发展，也直接关系着高等学校的和谐稳定与科学发展。高校大学生教育管理内在地包含着对大学生集体的管理，因此在促进大学生集体和谐发展中具有十分重要的作用。通过高校大学生教育管理，引导大学生集体自觉遵循学校的有关制度和规定，紧紧围绕学校的人才培养目标和学生成长成才的需要，积极开展丰富多彩的集体活动，充分发挥自身在大学生自我教育、自我管理中的作用，可以促进大学生集体的发展与学校发展的和谐与统一。通过高校大学生教育管理，切实加强大学生集体的思想建设、组织建设、制度建设和作风建设，引导大学生增强集体意识，主动关心集体发展，积极参与集体活动，弘扬团结互助精神，不断增进学生之间的友谊，注重相互沟通与交流，及时化解各类矛盾，可以促进各个大学生集体自身的和谐发展。通过高校大学生教育管理，引导大学生党团组织、班级、学生会、社团等各类大学生集体正确处理相互之间的关系，加强相互之间的沟通和协调，做到相互配合、相互支持，形成大学生自我教育、自我管理的合力，可以促进各类大学生集体的相互和谐与共同发展。

（三）高校大学生教育管理的个体价值

高校大学生教育管理的个体价值是指高校大学生教育管理对大学生个体成长与发展的作用和意义，即高校大学生教育管理的属性和功能对大学生个体成长与发展需要的满足。高校大学生教育管理的个体价值主要表现为引导方向、激发动力、规范行为、完善人格和开发潜能五个方面。

1. 引导方向

高校大学生教育管理具有突出的导向功能，对大学生的成长和发展起到重要的导向作用。高校大学生教育管理的导向作用，主要表现为以下三个方面。

（1）引导政治方向。政治方向是政治立场、政治观念、政治态度、政治品质和政治信念的综合体，是人的素质中的首要因素，决定着人们思想和行为的基本倾向。我们党历来强调在人才培养中必须把坚定正确的政治方向放在第一位。当今世界，随着经济全球化和信息技术的迅速发展，国际政治斗争趋于复杂，西方意识形态的渗透日益加剧。引导大学生确立坚定正确的政治方向即坚持中国特色社会主义的方向，是高等学校的一项极为重要而又十分紧迫的任务。要实现这一任务，首先要加强大学生思想政治教育，同时要加强高校大学生教育管理。这是因为高校大学生教育管理的社会属性决定了高校大学生教育管理必然具有鲜明的政治方向性，并对学生的政治方向发挥引导作用。事实上，我国《普通高等学校学生管理规定》和《高等学校学生行为准则》都明确要求大学生应当“确立在中国共产党领导下走中国特色社会主义道路、实现中华民族伟大复兴的共同理想和坚定信念”。加强高校大学生教育管理，严格执行高等学校学生管理规定，引导和督促大学生自觉遵守高等学校学生行为准则，加强对大学生的行为尤其是政治行为的管理和指导，引导学生正确行使依法享有的政治权利，防止和抵制各种腐朽意识形态对大学生的影响，及时纠正校园中出现的错误倾向，维护和保障校园的政治稳定和政治安全，对引导大学生坚持坚定正确的政治方向无疑具有重要的作用。

（2）引导价值取向。价值取向是指人们基于自己的价值观在面对或处理各种矛盾、冲突、关系时所持的基本价值立场、价值态度及所表现出来的基本价值倾向。价值取向决定和支配着人的价值选择，制约着人们思想和行为的方向。现阶段我国市场经济的发展，在促进社会生产发展和人们思想观念更新的同时，其盲目性和滞后性也容易诱发人们产生利己主义、拜金主义和享乐主义的价值观念；随着经济全球化的发展和我国国际交往的扩大，西方的各种价值观念也渗透进来。因此，引导大学生掌握社会主义核心价值体系，坚持正确的价值取向，有着尤为重要的意义。如前文所说，鲜明的价值导向是高校大学生教育管理的一个显著特点。高校大学生教育管理通过坚持和贯彻体现社会主义核心价值体系的管理理念，制定和执行以培养社会主义建设合格人才为根本宗旨的管理目标体系和管理规章制度，对大学生的价值取向起到重要的引导作用。

（3）引导业务发展方向。引导大学生确定既符合社会需要又符合自身实际的奋斗目标，明确业务发展的方向，可以引导他们把自己的主要精力和时间投入实现既定目标的业务学习和实践活动中，从而促进他们早日成才。高校大学生教育管理在引导大学生业务发展方向方面的作用集中表现在：通过对学生学习活动的指导，引导学生根据相关专业的要求和自己的兴趣爱好，确定专业学习的目标，从而明确在专业学习方面努力的方向；通过对大学生职业生涯规划的指导，引导学生根据社会需求、职业发展的趋势和自身的主观条件与愿望，确定自己的职业理想，从而明确自己职业生涯发展的方向。

2. 激发动力

高等学校的系统教育为大学生的成长和发展提供了良好的条件，而大学生能否健康成长和全面发展，关键在于大学生自身的主观努力即主观能动性的发挥。因此，要促进大学生的成长和发展，就必须注重激发大学生的内在动力，充分调动他们的主动性和积极性。高校大学生教育管理具有显著的激励功能，在激发大学生内在动力方面具有突出的作用。高校大学生教育管理对大学生的激励作用，主要是通过以下三种路径实现的。

（1）需要激励。需要是人的行为动力的源泉，也是行为动机产生和形成的基础。人的积极性的发挥及其发挥的程度，归根结底取决于其需要能否得到满足及满足的程度。高校大学生教育管理坚持以人为本的管理理念和服务学生的管理原则，关心学生的实际需要，维护学生的正当利益，扎扎实实地为大学生的成长和发展提供各方面的指导和全方位的服务，因此也就必然会对大学生发挥重要的激励作用。

（2）目标激励。人的行为总是指向一定目标的，目标是人们期望达到的成果和成就，能够激发人的内在积极性，鼓励人们奋发努力。人们对目标的达成满足自身需要的价值看得越大，估计目标能够实现的可能性越大，目标的激发力量也就越大。高校大学生教育管理遵循社会发展要求与大学生自身发展需要相统一的原则，科学地制定管理的目标，着力引导大学生根据社会需要和自己的兴趣爱好、主观条件合理地确定自己的学习目标和发展目标，从而对大学生发挥着重要的激励作用。

（3）奖惩激励。奖励和惩罚是高校大学生教育管理的重要方法，其目的是通过运用正、负强化手段，控制大学生行为结果的反馈调节作用，以维持和增强大学生努力学习和践行大学生行为准则的主动性和积极性。奖励是通过奖赏、赞扬、信任等褒奖形式，使其感到满足和喜悦，从而更加奋发努力的正强化手段；惩罚是通过造成被惩罚者某种需要的不满足而使其感到痛苦和警醒，从而变消极行为为积极行为的负强化手段。高校大学生教育管理通过恰当运用奖励和惩罚，鼓励先进，鞭策后进，从而激励全体大学生奋发努力。

3. 规范行为

高校大学生教育管理的一项重要任务就是要科学制定和严格执行各项管理规章制度和纪律，以规范大学生的行为，促进其形成文明的行为方式和良好的行为习惯。高校大学生教育管理在规范大学生行为方面的作用，主要是通过以下三种途径实现的。

（1）加强制度建设。制度建设是高校大学生教育管理的重要内容。高校大学生教育管理中的制度建设，就是要依据社会发展要求、人才培养目标和大学生健康成长与发展的需要，科学制定和不断完善各项规章制度，使大学生明确应该做什么、不应该做什么，应该怎么做、不应该怎么做，并引导和督促大学生用于规范自己的行为，逐步形成文明的行为方式。2005 年教育部新修订的《普通高等学校学生管理规定》和《高等学校学生行为准则》，就是现阶段高校大学生教育管理的基本规章制度，为规范大学生行为提供了基本的规定和准则。

（2）严格纪律约束。纪律是一定的社会组织为实现组织目标而要求其全体成员必须共同遵守并赋有组织强制力的行为规范。它是建立正常秩序、维系组织成员共同生活的重要手段，也是完成各项任务、实现组织目标的重要保证，因此成为高校大学生教育管理中不可或缺的重要手段。在高校大学生教育管理中，通过严格执行学习、考试、科研、集体活动、校园生活、安全保卫等各方面的纪律，以约束和调整学生的行为，并对违纪行为及时做出恰当的处罚，可以有效地引导和规范学生的行为，促进其良好行为习惯的养成。

（3）引导自我管理。自我管理是高校大学生教育管理的重要路径。自我管理的一项重要内容就是要启发学生的自觉性和主动性，引导学生自觉遵守管理制度，主动地用体现社会要求的大学生行为准则规范的行为，实行自我约束和自我监督。这种自我约束和自我监督，既表现在大学生个体的自我管理中，也体现在大学生群体的自我管理中。在大学生班级、寝室、社团等群体的管理中，充分发挥学生的主体作用，引导学生在民主讨论的基础上，形成全体成员共同遵守的规章制度，并相互监督执行，不仅有助于营造良好的群体氛围、实现群体的目标，而且有助于提高全体成员规范和约束自己行为的自觉性。

4. 完善人格

人格是一个人所具有的稳定而统一的心理特征的总和。通俗地讲，人格是指一个人的品格、思想境界、情感格调、行为风格、道德品质、精神面貌等。人格既是个人发展状况的集中表现，也是个人发展的内在主观条件。人的全面发展内在地包含着人格的健全和完善。高校大学生教育管理以促进大学生的全面发展为根本目的，因此必然要注重培育大学生健全的人格，以促进他们形成崇高丰富的精神境界、高尚优秀的道德品质、积极健康的心理品格。高校大学生教育管理在完善大学生人格方面的作用，主要表现为以下两个方面。

（1）优化环境影响。环境是影响大学生人格形成和发展的重要因素，对大学生的人格具有陶冶和感染的重要作用。“近朱者赤，近墨者黑”，说的就是这个道理。高校大学生教育管理在营造良好的校园环境、优化校园环境影响方面具有重要的作用。高校大学生教育管理通过制定和执行合理的规章制度，建立和维护正常的校园秩序；通过有效的学习管理和班级管理，促进良好学风和班风的形成；通过对大学生交往活动的管理和引导，优化校园的人际环境；通过对大学生网络活动的管理和指导，净化校园的网络环境；通过对学生社团和学生课余活动的管理和指导，形成积极向上、丰富多彩的校园文化生活环境；通过对学生生活园区的管理和学生日常行为的指导，为学生营造安定有序、文明健康的日常生活环境等。

（2）指导行为实践。实践是大学生人格形成和发展的基本途径。大学生所接受的各种教育影响，只有在实践中通过他们亲身的体验，才能真正为他们所理解、消化和吸收。大学生行为习惯的养成、实践能力的提高等，更是自身长期实践活动的结果。因此，高校大学生教育管理通过对大学生行为和实践活动的管理和指导，也就必然会对大学生人格的完善发挥重要的作用。

5. 开发潜能

人的潜能是指人所具有的有待开发、发掘的处于潜伏状态的能力。它包括人的生理潜能、智力潜能和心理潜能。人的潜能是人的现实活动力量的潜伏状态和内在源泉，人的能力的发展在一定的意义上也就是开发潜能，使之转化为现实活动力量即显能的过程。人的潜能是巨大的。美国著名心理学家威廉·詹姆斯认为，一个正常人还有 90% 的潜能尚未利用。由此可见，人的潜能的开发具有十分广阔的前景。大学生正处于成长和发展的关键时期，着力开发他们身上所蕴藏的丰富潜能，将他们内在的潜能转化为从事社会建设的实际能力和现实力量，是大学生培养工作的重要任务。高校大学生教育管理作为大学生培养工作的重要组成部分，在开发大学生内在潜能方面发挥着不可或缺的作用。高校大学生教育管理在开发大学生潜能方面的作用，主要是通过以下三种途径实现的。

（1）指导学习训练。学习和训练是开发潜能的基础。只有通过系统的学习和训练，掌握必要的知识和方法，才能使潜能得到正确的、有效的发挥。高校大学生教育管理通过对大学生的学习活动的管理和指导，引导大学生确立正确的学习目的，掌握科学的学习方法，不仅可以充分发掘大学生在学习方面的潜能，以提高他们的学习能力，而且可以促进大学生系统地掌握专业理论知识和方法，从而使他们在专业方面的潜能得到开发和发展。

（2）运用激励机制。激励是开发潜力的重要手段。通过激励，可以充分调动人的主观能动性，打破安于现状的消极心态，振奋人的精神，转变人的态度，激发人的兴趣，调整人的行为模式，从而达到开发潜能的目的。因此，激励是高校大学生教育管理的重要手段。高校大学生教育管理运用激励机制，通过引导学生明确努力方向和成才目标，奖励成绩优异、表现突出的学生，可以调动大学生的主动性和积极性，激发他们奋发向上的进取精神，从而促进他们不断地开发自身内在的潜能。

（3）组织实践活动。实践是潜能转化为显能的中介和桥梁。人的潜能只有在实践中，才能逐步显现出来，得到实际发挥，从而转化为显能。高校大学生教育管理通过支持和指导学生的社团活动和社会实践活动，鼓励和引导学生的科技服务和科技创新活动等，可以为大学生提供丰富多样的参与实践活动的机会，使他们的潜能在实践中得到开发和发展。

第二节　高校教育管理的理念与原则

一、高校大学生教育管理的理念

（一）人本管理的理念

理性化和人性化一直是管理发展中的两条重要线索。泰罗及其科学管理理论是理性主义的典型代表，并长期居于管理思想的主流。自 20 世纪 20—30 年代以来，随着“人际关系理论”“行为科学”的发展，人文主义逐渐占据管理思想的重要地位，人性和个人价值得到普遍认同。人本管理的思想要求在管理活动中，始终把人放在中心位置。在手段上，着眼于所有成员积极性发挥和人力资源的优化配置；在目的上，追求人的全面发展及由此带来的效益的最优化。

在高校大学生教育管理工作中，坚持人本管理理念就是要以学生为本，就是要树立现代学生观，尊重学生的主体地位，促进学生的个性化发展，实现学生的多样化评价。在实际工作中尊重学生的主体性、差异性、丰富性、独特性，把学生当作有血有肉、有生命尊严、有思想感情的人；以学生成长成才为中心，真正尊重学生，理解学生，关心学生，引导学生。

1. 尊重学生主体需求，促进学生成长成才

要区分不同类型、不同层次学生的特点和需求，分层次、分阶段做深入细致的教育、管理和服务工作，建立起帮助学生成长，解决学生困难，方便学生办事，维护学生权益的高校大学生教育管理工作体系，让学生受到最好的教育。因此，高校大学生教育管理工作必须从学生的需求出发，把工作的需求与学生的成长成才需求紧密结合，把学生的当前需求与长远需求紧密结合，把学生个人的需求与群体的需求紧密结合，把表面的物质需求与深层次的精神需求紧密结合，努力培养德才兼备、品学兼优、知行合一的社会主义建设者和可靠接班人。

2. 体现学生的主体参与，实现学生的自主发展

要充分发挥学生的主体作用，引导学生参与管理实践，使学生成为管理的主人。学生参与管理的主要平台有学生会、班委会、团支部、社团联合会等学生组织，可以通过学生干部定期换届等方式，努力让每个学生都有机会参与管理。在就业管理、安全管理、资助管理等工作中，也要充分调动学生

的积极性，引导学生参与相关政策制定和实施，真正实现管理依靠学生。

3. 实行民主管理

推行民主管理，尊重学生的主动性和首创性是人本理念的重要体现。因此，不仅要增强管理者和学生的民主管理意识，更要完善民主选举、决策和监督等民主管理运行机制，畅通民主管理渠道。

（二）服务育人的理念

高校大学生教育管理说到底就是为大学生的全面发展和健康成长服务，而不仅仅是为了“管”学生，更不能把学生仅看作管理的对象。只有树立了管理就是服务、管理就是育人的理念，才能从根本上转变高校大学生教育管理的态度、思路、方法和作风。《中共中央、国务院关于进一步加强和改进大学生思想政治教育的意见》明确指出，高校加强和改进大学生思想政治教育是教书育人、管理育人、服务育人相统一的系统工程。要“坚持教育与管理相结合”，要“从严治教，加强管理”，要“建立健全与大学生成长成才相适应的管理制度体系”。要时刻注意把思想政治教育融入高校大学生教育管理中，建立起自律与他律、激励与约束有机结合的长效机制。

1. 要强化服务意识，着力解决学生最关心的实际问题

高校大学生教育管理涉及关乎学生切身利益的诸多方面，如学业问题、就业问题、家庭经济困难问题和心理问题等。管理者要高度重视解决学生的这些实际问题，让学生感受到关怀与温暖，为其接受管理者的教育与引导奠定感情基础。在解决实际问题的过程中，注重和解决思想问题相结合，做到既办实事又讲道理；坚持管理与教育相结合，做到既关心人、帮助人，又教育人、引导人。

2. 在实施管理时要注意学生的情感因素，注意制度的刚性和管理的弹性

学生管理是做“人”的工作，人是有理性、有感情的。无论教育手段多么先进，也不能替代面对面的思想沟通；无论传媒手段多么发达，也不能替代人与人之间的感情交流。正是这种情感作用，才使管理产生融洽和理想的效果，才能调动学生的积极性和主动性。要考虑每个学生的具体情况，采用学生最容易理解和接受的方式来实现管理。这样才能让学生乐于接受制度规范要求，主动地内化为自己的行为准则，从而形成良好的行为习惯和品质。

3. 要营造良好的管理氛围

良好的管理氛围不仅要求管理者对学生要真诚、尊重、理解、关怀和信任，更要求管理者时刻注重自身形象，把形象育人作为管理育人的重要方式。

要建立全员育人的机制，形成全员育人、全程育人、全方位育人的格局。要创造丰富多彩的校园文化，校园文化具有丰富的内涵，对学生有潜移默化的教育和引导作用。通过校园文化活动使学生的业余生活更加丰富，能力得到锻炼，才干得到发挥，素质得到提高；使学生在浓厚的校园文化氛围中，身心愉悦，开阔视野，获得全面、和谐的发展。

（三）科学管理的理念

科学管理是20世纪初在西方工业国家影响最大、推广最普遍的一种管理思想，其代表人物泰罗被称为“科学管理之父”。科学管理的实质在于将实践积累的管理经验加以标准化、系统化、科学化，用科学管理代替经验管理。科学管理的主体思想包括三个方面：一是提高劳动生产率，这是科学管理的中心问题，是确定各种科学管理原理和方法的基础；二是在管理实践中建立各种明确的规定、条例、标准，使管理科学化、制度化，这是提高工作效能、达到最高工作效率的关键；三是科学管理不仅在于具体的制度和方法，而且在于重大的精神变革。高校大学生教育管理工作中的科学管理，特征是规范化、制度化和模式化，其价值核心在于提高学生管理的效率，强调建立完备的组织机构、详细的工作计划、严格的规章制度、明晰的职责分工、管理的程序化和采用物质激励及纪律约束与强制。在这种管理方式下，大学生的学习模式、纪律制度、行为准则、运作程序都实现了规范化；信息传递、各项学习生活实现了程序化，最大限度地引导学生接受正确的价值取向，实现管理效能的最大化。

（1）要用科学完备的制度规范引导人，尊重不等于放纵，没有规矩不成方圆

养成良好的行为习惯是学生成才的重要维度。为此，要大力加强高校大学生教育管理的制度文化建设，建立科学、人性的高校大学生教育管理体制体系。

（2）要构建平等和谐的师生关系，在师生互动中实现管理的和谐

管理者不应是高高在上的发号施令者，而应是积极的引导者和平等的协商者。管理者要以学生为友，平等地与学生交流，尊重学生的个性，真诚地为学生提供学业指导、生活帮扶和心理辅导。管理者尤其是辅导员老师，要在管理过程中，创造性地展示自己的才华，在与学生交往、交流中实现自己的理想与人生价值，真正做到互为主体、教学相长。

（3）要建立一体化工作体制机制和运行模式

加强学生工作机构的建设，强化其组织协调功能，理顺学生管理系统各

部门、各层次、各岗位的职责权限关系，使管理工作与教学工作、课堂内的管理与课堂外的管理、学院与机关、机关各职能部门及各管理者之间坚持统一的标准、统一的声音、形成合力，互相促进。

（四）依法管理的理念

依法管理是依法治国方略在高校的具体体现。高校大学生教育管理中强调依法管理，是指高校大学生教育管理必须要以法律为依据，符合法律要求。也就是说，高校大学生教育管理过程中的决策、计划、组织和控制，都必须纳入法律轨道，不能违法违规。高校大学生教育管理坚持依法管理，是高校大学生教育管理自身的发展需求。一方面，管理对象发生了较大变化，大学生的维权意识显著增强；另一方面，管理工作面临诸多新情况、新问题。比如，国家助学贷款违约、学生就业签约违约、在校学生结婚、学生意外伤害或死亡处理、学生心理问题及隐私保护等。这些新情况、新问题对大学生的依法管理提出了迫切要求。

（1）要增强法律意识，加强法律知识学习

新中国成立以来，国家制定了《中华人民共和国教育法》《中华人民共和国高等教育法》《中华人民共和国教师法》等教育法律，国务院还颁布了《中华人民共和国学位条例》《普通高等学校学生管理规定》《教育行政处罚暂行实施办法》等200多个法规、规章，基本形成了以《中华人民共和国教育法》为核心的教育法律法规体系。作为高校大学生教育管理者，不仅自身要认真学习这些法律条文，深刻理解，做到关键问题心中有数，疑难问题随时查询，还要注意引导学生积极学习各种常用的教育法律、法规和规章，了解自己的合法权利、义务，增强依法维权和依法履行义务意识，养成良好的学法、守法的习惯，为学生适应社会、推动国家法制建设夯实基础。

（2）要以法律为准绳，依法制定适用于学校实际的内部具体规章制度

目前，高校大学生教育管理的一般性法律法规已经比较健全，但是不同类型、不同层次、不同地区的高校有着不同的学生管理具体实际，需要按照《普通高等学校学生管理规定》等法律法规，制定适合学校实际的内部具体规章制度。

（3）要严格遵守法律法规

要把对学生的规范管理与对学生合法权益的有效维护结合起来，既严格要求，又要充分尊重和平等对待。尤其是在处理违规违纪学生时，一定要做到事实清楚，证据确凿，使用法律法规正确恰当，处理程序符合相关法律规

定。做到不滥用职权，不越权，不以权谋私，公平公正。

二、高校大学生教育管理的原则

（一）方向性原则

高校大学生教育管理坚持方向性原则，是涉及培养什么人、如何培养人的根本性问题。高校大学生教育管理是高校办学的重要方面，是学校育人环节的重要一环，社会主义大学的主要目标是培养合格的社会主义事业建设者和可靠接班人，高校大学生教育管理工作直接影响这一目标的实现。方向性原则是指确定高校大学生教育管理的目标，进行高校大学生教育管理活动，要与高校育人工作的总目标相一致，要与党和国家的教育方针、规范、政策和法律法规中规定的教育目标、管理目标等相一致。方向性原则是高校大学生教育管理中具有决定意义的基本原则。只有坚持这一原则，才能促进高校大学生教育管理沿着高等教育育人工作的总目标发展，才能保证高校大学生教育管理的正确方向，才能有利于培养全面发展的社会主义事业建设者和接班人。坚持方向性原则，是高校大学生教育管理的社会属性决定的，也是我国高校大学生教育管理历史经验的总结。

高校大学生教育管理中坚持方向性原则，关键是做到以下三点。

1. 增强管理者的政治意识

高校大学生教育管理是具有鲜明的政治方向、价值导向的。任何社会的高校大学生教育管理都是为一定社会、阶级服务的。不同社会的高校大学生教育管理目的、理念、任务、方式和方法等，是有着显著差异的。然而，在我们的管理理论和实践中，往往存在着忽视管理的政治功能和价值导向的现象。一些人甚至不认为高校大学生教育管理有何方向性可言。因此，体现高校大学生教育管理的方向性，首要的问题就是增强管理者本人的政治意识，促进管理者有意识地在管理过程中思考管理的政治方向和价值导向。管理者要把方向性要求贯穿在高校大学生教育管理全过程和具体的活动中。引导广大学生积极投身改革开放和社会主义现代化建设，在为祖国、为人民的不懈奋斗中实现自己的人生价值。

2. 以制度的合法性体现管理的政治导向性

坚持方向性原则，就必须自觉接受党的领导，其核心是坚决贯彻党的方针、路线、政策。学校的各项制度是贯彻党的方针、路线、政策的主要载体，也是一定社会政治方向、价值导向等的具体体现。因此，学校层面制定的各类高校大学生教育管理相关制度，一定要与国家的法律、法规相一致。通过合法制度来保障高校大学生教育管理的方向性。要注重把方向性原则融入制度建设和执行的全过程，使学生坚定社会主义的理想信念，在实践中成长成才。

3. 按时代需求及时调整管理目标

坚持方向性原则不仅体现在政治方向上，而且体现在管理是否能为党和国家的中心任务服务。不同时期，党和国家的任务是不同的，对人才的需求也是不同的。这就要求高校大学生教育管理要紧扣时代主题，不断调整管理目标，创新管理模式。目前，发展是时代主题，经济建设是党和国家的中心任务，要根据这一中心任务制定具体的高校大学生教育管理目标。

（二）发展性原则

高校大学生教育管理坚持发展性原则，包括两个方面：一方面是管理工作本身要不断发展；另一方面是通过管理促进学生的全面发展。从管理工作本身来看，随着我国社会政治、经济、文化的不断发展，社会生活发生了复杂而深刻的变化，高校大学生教育管理工作的形势、环境、对象、任务发生了深刻的变化，这就要求管理的体制、机制不断变化，管理方式、目标、途径及时调整，以确保高校大学生教育管理工作的实效。

通过管理促进学生全面发展，关键是做到以下三点。

1. 要树立发展意识

思想是行动的先导，有什么样的发展理念，就会有与之相应的管理方式和结果。传统的高校大学生教育管理重管理，把管住学生作为学生管理的出发点。个别管理者往往以强硬的制度规范、约束学生的行为，以训诫、命令代替沟通。这些方式往往会伤害学生的自尊心，挫伤学生的自主性，有悖于学生的全面发展。高校大学生教育管理坚持发展性原则亟须转变传统的观念，要有意识地把学生全面发展作为管理活动开展的前提。在高校大学生教育管理中，牢固树立促进学生全面发展的责任感和紧迫感，打破思维定式，以新的发展观念指导管理决策，设计管理计划，谋划学生的全面发展。

2. 要不断推动管理创新

通过管理促进学生全面发展，需要同时注重管理本身的发展，而管理的发展实际上是创新。服务于学生全面发展的管理创新就是在遵循高校大学生教育管理规律的基础上，与时俱进，坚持继承与创新相结合，创造性地开展工作，促进学生全面成长成才。目前，高校大学生教育管理的机制、途径、方法与载体都是在过去的环境条件下，针对过去的情况产生的。但是随着社会经济的迅速发展，高校大学生教育管理工作面临着新环境、新问题，大学生在思想上出现了迷惑和困扰，在观念上呈现出多元化特点。如果固守原有的管理方法，必然不能较好地适应今天的需要，解决不了今天的问题。为此，创新高校大学生教育管理工作成为时代和社会赋予的重任。

3. 要统筹各方面的资源形成促进学生发展的合力

一直以来，我们在高校管理的实践工作中都强调高校学生管理包括管理学生和服务学生两大方面。但在具体操作上，管理却总是多于服务。实践证明，把职业生涯规划、生活帮扶、大学生就业指导、心理辅导等贯穿管理始终更易于发挥学生的主观能动性、激发学生的创造性，从而促进学生的发展。要理顺学校各管理部门关系，通过部门之间的相互协调、相互联系，从而将组织内部各个要素联结成一个有机整体，使人力、财力、物力、信息、资源等得以最佳配置，形成促进学生发展的合力。

（三）激励性原则

激励性原则是指高校大学生教育管理中利用一定的物质手段或精神手段，引导学生思想行为的变化，调动学生的积极性、创造性，使学生的潜能得到最大限度的发挥，从而实现管理目标的基本准则。在高校大学生教育管理中，恰当运用激励性原则，将使管理活动更易于被学生接受，更好实现管理的目标。

激励的效果取决于在激励过程中采取的手段、方式能否针对大学生的发展实际、能否满足大学生的需要、能否在大学生内心形成自我激励的内在动力等。因此，在高校大学生教育管理中贯彻激励性原则，需要做到以下三点。

1. 运用正向激励手段

高校在学生管理过程中，科学、合理地运用激励机制，有助于调动大学生的能动性和创造性，改变大学生的观念、行为。正向的激励主要有两种：一种是物质上的，主要指金钱或实物，物质利益的需求和满足是人生存和发展的一个必备条件。对学生进行一定的物质激励，有助于调动学生积极性、主动性。另一种是精神上的，主要指通过各种形式的表扬，给予一定的荣誉。正向的激励有助于学生将外部的推动力量转化为自我奋斗的动力，充分发挥自身潜能，从而有效地激励学生成长成才。在高校大学生教育管理中，要协调好物质激励和精神激励的关系，依据学生的实际采取相应的激励手段，确保管理效果。

2. 在管理中树立典型，通过榜样进行激励

榜样使人有目标，有方向。因此，要善于树立榜样，培养榜样，宣传榜样，并鼓励学生学习榜样、争做榜样、成为榜样。

3. 采取情感激发的方式

情感是人格发展的诱因，也是青年追求美好生活的动力。要确保管理目

标的实现，一般都要有感情的催化。当管理者与学生平等对待、敞开心扉、相处愉快时，管理活动就比较容易开展；当双方针锋相对、互不理解时，学生往往产生抵触情绪，管理效果就会大打折扣。因此，要求管理者不仅要以制度约束人，而且要以真情感染人，注重沟通，消除疑虑，用欣赏的眼光去看待学生，使每个学生的需求得以尊重、困惑得以解决、特长得以发挥。

（四）自主性原则

自主性原则是指高校在进行高校大学生教育管理时，使大学生参与到管理过程中，充分调动大学生的积极性和创造性，进行民主管理，实现自我管理和自我服务。高校大学生教育管理遵循自主性原则，是由两个方面决定的：一方面有利于育人目标的实现。管理的目标是育人，这就要求将外在的行为规范转化为内在的思想观念，从而支配管理对象的行为。如果不调动学生的主观能动性，学生就难于接受管理，管理的实效性就难于发挥。另一方面有利于满足学生自主管理的现实需求。随着我国社会主义市场经济体制的不断完善，高等教育逐步走向经济社会发展的前台，市场经济的自主、平等、竞争、法治精神对高校师生的影响不断深化，大学生自主意识不断增强。大学生渴望在各项事务管理中充当主角，自己管理自己，充分发挥主观能动性，实现自我管理、自我服务。

高校大学生教育管理中坚持自主性原则，要做到以下三点。

1. 唤醒学生的自主管理意识

在高校大学生教育管理过程中，要营造轻松、愉快、快乐的氛围，使学生的自主需求得到尊重；同时，要使学生体会到自主管理的成就感，享受自主管理收获的成果。

2. 打造学生自主管理的平台

辅导员要抓好以班委会、团支部、学生会等学生组织为载体的自主管理平台，增强凝聚力、吸引力，建立定期流动机制和激励机制，充分保证学生广泛地参与到自主管理中。辅导员要敢于充分“放权”，敢于把高校大学生教育管理工作交给学生，实现学生的自我管理、自我服务。

3. 加强对学生自主管理的指导

自主管理不等于放任自流，必须加强自主管理的指导，才能保证管理的方向和实效。怎样才能保证管理的方向和实效呢？有四个方面的内涵，即明确方向，定准目标，告诉学生工作要达到的程度和要取得的效果；定好标准，明确思路，告诉学生怎样开展工作；做好监督，对学生任务执行情况进行跟踪观察，时刻关注工作进展情况；及时反馈，帮助学生及时调整方向，确保学生工作在正确的轨道上进行。

第三节 高校教育管理的过程与方法

一、高校大学生教育管理的过程

（一）高校大学生教育管理过程的含义

高校大学生教育管理过程，就是高校大学生教育管理工作者对影响和制约大学生发展和成长的各种因素及其相互关系及时做出相应调整，以实现整体目标的过程。高校大学生教育管理过程的实质，就是要把握组织环境、管理对象变化、发展的情况，并根据组织目标，适时调节管理活动，在动态的情况下做好管理工作。充分认识和掌握管理过程，对于做好高校大学生教育管理工作具有非常重要的意义。因为管理行为并不能直接达到管理的目的，管理行为是一种周而复始的动态运行过程，管理的目的就是在这种管理过程中实现和完成的。充分认识和理解高校大学生教育管理过程，既能从局部上理解管理行为的各部分内容，有助于做好高校大学生教育管理的各部分工作，又能从整体上理解由各部分内容结合而成的全部管理活动，有助于做好高校大学生教育管理的全部工作。

（二）高校大学生教育管理过程的主要环节

1. 高校大学生教育管理决策

高校大学生教育管理决策是指高校大学生教育管理工作者为了达到一定的目标，在掌握充分信息和对有关情况进行深刻分析的基础上，运用科学的方法，从两个以上的可行性方案中选择一个合理方案的分析判断过程。高校大学生教育管理决策过程包括研究现状，明确问题和目标，制定、比较和选择方案等阶段性的工作内容。

（1）研究现状。有问题有待解决才需要决策，也就是说，决策是为了解决一定的问题而制定的。因此，制定决策，首先要分析问题是否已经存在，是何种性质的问题，这种问题是否已经对社会、对学校、对大学生自身及未来发展产生了不利影响。分析大学生学习、生活、各种能力的培养、实践活动及未来就业、创业等可能遇到的各种问题和面临的挑战，确定问题的性质，把问题作为决策的起点。当然，研究这些问题的主要人员应该是学校高层管理人员，这不仅是因为他们要对学校的发展负责、对学生的未来发展负责，而且由于他们在学校中所处的地位使他们能够通观全局，高屋建瓴，易于找出问题的关键所在。

（2）确立目标。在分析了大学生学习、生活、各种能力培养、实践活动及未来就业和创业等可能遇到的各种问题、面临的挑战或不协调之后，还要进一步研究针对问题将要采取的各种措施应符合哪些要求，必须达到何种效果，也就是说，要明确决策的目标。这是因为确立决策目标具有以下作用：一是保证学校内部各种目标的一致性；二是为动员和分配学校的各种资源提供依据；三是形成一种普遍的思想状态或气氛，如促成一种井然有序的学习、生活秩序，形成积极投身社会实践的传统，培养一种开拓创新的良好氛围；四是帮助那些能够和学校目标保持一致的学生形成一个学习、实践活动和生活核心，同时为阻止那些不能与学校目标保持一致的学生进一步参与此类活动提供一种解释；五是促成把学校总目标和不同阶段目标转化为一种分工结构，包括在学校内部把任务分配到各个责任点上；六是用一种能够对组织各项活动的成本、时间和成效等参数加以确定和控制的方式，提供一份关于组织目的和把这种目的转化为分阶段目标的详细说明。

要确立目标，需要做好以下几个方面的工作：一是提出目标。这一目标应该包括上限目标（理想目标）和下限目标（必须实现的目标）。二是明确多元目标之间的相互关系。高校大学生教育管理目标是多重的，但是对于不同年级、不同专业的学生来说，其目标的相对重要性是不同的。在特定时期，决策只能选择其中一项作为主要目标。然而，多元目标之间的关系是既相互联系又可能相互排斥的，如对于毕业班的大学生来说，考研究生和考公务员及求职之间就是这种既相互联系又相互排斥的关系。因此，在选择了主要目标后，还要明确它与非主要目标之间的关系，以避免在决策的实施过程中将主要精力和时间投放到非主要目标活动中，避免捡了芝麻丢了西瓜。三是限定目标。目标的执行有可能给学校和大学生带来有利的结果，也可能带来不利的结果。限定目标就是要把目标执行的有利结果和不利结果加以权衡，规定不利结果在何种程度上是允许的，一旦超越这一程度则必须停止原计划，终止目标活动。一般来说，无论是何种目标，都必须符合三个基本特征：能够计量、规定期限和确定责任人。

（3）拟订决策方案。决策的关键在于选择，而要做出正确的选择，就必须提供多种可供选择的方案。从实践来看，任何目标都可以通过多种不同的活动来实现，而不拟订出几个实现它的抉择方案的情况是很少的。因为对于主管人员而言，如果看来只有一种行事方法，那么这种方法很可能就是错误的。在此情况下，主管人员可能就不再努力去考虑其他能够使决策做得更好的方法。

决策方案描述了学校为实现目标拟采取的各种对策的具体措施和主要步骤，因为目标的实现可以采取多种不同的活动，所以应该拟订出不同的行动方案。在拟订方案的过程中，第一，要确保有足够多的方案可供选择。为了使方案的选择有意义，不同方案必须相互区别而不能相互包容。假如某个方案的活动能够包含在另一个方案中，那么这个方案就失去了存在的意义和价值。第二，形成初步方案。一般来说，任何一个方案的产生都应该建立在对环境的具体分析和发现问题的基础上，然后根据问题的具体性质及解决问题所要达到的目标，提出各种改进设想，并对诸设想进行分析、整理和归类，进而形成各种不同的初步方案。第三，形成一系列可行方案。在对各种初步方案进行遴选、补充的基础上，对遴选出来的方案做进一步完善，并预期其实施结果，这样便会形成一系列不同的可行方案。

（4）比较与选择。要选择方案，首先要了解各种方案的优劣。为此，需要对不同方案加以评价和比较。这种评价和比较主要包括以下几个方面：一是实施方案所需要的条件能否具备，具备这些条件需要付出何种成本；二是方案实施能够给学校和学生各自带来什么利益（包括长期利益和短期利益）；三是方案实施中可能遇到哪些问题，其导致活动失败的可能性有多大。根据上述评价和比较，便可以寻找出各种方案的差异，分析出各种方案的优劣。在此基础上进行的选择，不仅要确定能够产生综合优势的实施方案，而且要准备好环境发生变化时可以启用的备用方案。确定备用方案的目的是对可预测到的未来变化准备充分的必要措施和应急对策，避免在情况发生变化后因疲于应付而忙中添忙、忙中增乱，或束手无策而蒙受这样或那样的损失。

2. 高校大学生教育管理计划

计划过程是决策的组织落实过程，决策一旦做出，计划就要紧紧跟上。计划是对决策目标的进一步展开和落实，离开了计划，决策便失去了意义。

高校大学生教育管理计划就是在决策既定目标的前提下，进一步根据实际情况，科学地、及时地预计和制定为达到一定的目标的未来行动方案。具体来说，就是通过将学校在一定时间内的活动任务分解给学生管理的每个部门、环节和个人，从而不仅为这些部门、环节和个人的工作及活动的检查与控制提供依据，而且为决策目标的实现提供组织保证。

高校大学生教育管理计划是一种协调过程，它给学生管理部门和学生管理工作者及学生指明了方向。当所有有关人员了解了组织的目标和为达到目标他们必须做出的贡献时，他们便开始协调他们的活动，互相合作，形成团队。而缺乏计划则会走许多弯路，从而使实现目标的过程无效率而言。高校大学生教育管理计划还可以促使学生管理部门和学生管理工作者展望未来，预见变化，以及制定适当的对策，同时减少不确定性、重叠性和浪费性的活动。高校大学生教育管理计划还能通过设立目标和标准以便于进行控制。在计划中必须要设立目标，而在控制职能中，人们又会将实际的绩效与目标进行比较，发现可能发生的重大偏差，采取必要的校正行动。可以说，没有计划，就没有控制。

（1）高校大学生教育管理计划的制订。一般来说，制订高校大学生教育管理计划可遵循以下程序。

①收集资料，为计划的制订提供依据。计划是为决策的组织落实而制订的，了解决策者的选择，理解有关决策的特点和要求，分析决策制订的大环境和决策执行的条件要求，是制订行动计划的前提。由于计划安排的任务需要不同专业、不同年级的大学生利用一定的资源去完成，因此，计划的制订者还应该收集反映不同专业和不同年级学生的活动能力及外部有关资源供应情况的资料，从而为计划制订提供依据。

②目标或任务分解。目标或任务分解是将决策确定的学校总体目标分解落实到各个部门、各个活动环节，将长期目标分解成各个阶段的分目标。通过分解，便可以确定学校的各个部分在未来各个时期的具体任务及完成这些任务应达到的具体要求。分解的结果是形成学校的目标结构（包括目标的时间结构和空间结构）。目标结构描述了学校中较高层次的目标（总体目标和长期目标）与较低层次目标（部门、环节、个人目标与各阶段目标）相互之间的指导（如总体目标对部门目标、长期目标对阶段目标）与保证（部门目标对整体目标或阶段目标对长期目标）关系。

③目标结构分析。目标结构分析是研究较低层次目标对较高层次目标的保证能否落实，即分析学校在各个时期的具体目标是否能够实现，能否保证长期目标的达成。学校的各个部分的具体目标是否能够实现，能否保证整体目标的达成。如果处于较低层次的某个具体目标尚不能实现，就应该考虑能否采取一些补救措施。倘若做不到这一点，就应该考虑调整较高层次的目标要求，有时甚至要对整个决策进行重新修订。

④综合平衡。一般而言，综合平衡工作应着眼于以下几点：一是分析由目标结构决定的或与目标结构对应的学校各部分在各时期的任务是否相互衔接和协调。具体来说，就是分析任务的时间平衡和空间平衡。时间平衡是要分析学校在各阶段的任务是否相互衔接，从而能否保证学校活动顺利进行；空间平衡则要研究学校的各个部分的任务是否保持相应的比例关系，从而能

否保证学校的整体活动协调进行。二是研究学校活动的进行与资源供应的关系，分析学校能否在适当的时间筹集到适当品种和数量的资源，从而能否保证学校活动的连续性。三是分析不同环节在不同时间的任务与能力之间是否平衡，即研究学校的各个部分是否能够保证在任何时间都有足够的能力去完成规定的任务。由于学校的外部环境和活动条件会发生这样或那样的变化，这样就可能导致任务的调整，因此在任务与能力平衡的同时，还应该留有一定余地，以保证这种可能产生的调整在必要时能够顺利进行。

制订并下达执行计划。在综合平衡的基础上，学校便可以为各个部门制订各个时段的行动计划（如长期行动计划、年度行动计划、季度行动计划），并下达执行。

（2）高校大学生教育管理计划的执行。制订计划的目的在于执行计划，而计划的执行需依靠学生管理工作者和大学生的共同努力。因此，能否保质保量完成计划，在很大程度上取决于在计划执行过程中能否充分调动广高校大学生教育管理工作者和大学生的积极性。

（3）高校大学生教育管理计划的调整。计划在执行过程中，有时需要根据实际情况的变化进行调整。这不仅是因为计划活动所处的客观环境可能发生变化，而且可能因为人们对客观环境的主观认识有了这样或那样的改变。为了使大学生的各种组织活动更加符合环境特点的要求，必须对计划进行适时的调整。而滚动计划就是为了保证计划在执行过程中能够根据情况变化适时修正和调整的一种现代计划方法。这种方法根据计划的执行情况和环境变化情况定期修订未来的计划，并逐期向前移动，使短期计划、中期计划有机结合起来。由于计划工作中很难准确地预测将来影响发展的各种变化因素，而随着计划的延长，这种不确定性就越来越大，如果一定要按几年以前的计划实施，可能会带来一些不必要的损失。采用滚动计划能够避免这种不确定性所带来的不良后果。滚动计划的基本做法是，制订好学校在一个时期的行动计划后，在执行过程中根据学校内外条件的变化定期地加以修改，使计划不断延伸，滚动向前。滚动计划方法主要应用于长期计划的制订和调整。这是因为，一般来说，长期计划面对的环境比较复杂，采用滚动计划可以根据环境变化和学校内部活动的实际进展情况适时进行调整，以便于使学校始终有一个为各部门、各阶段活动导向的长期计划。当然，这种计划方式也可以应用于短期计划工作，如年度和季度计划的制订和修订。

3. 高校大学生教育管理组织

高校大学生教育管理组织就是高校学生管理机构和学生工作管理者为了有效地实施既定的计划，通过建立管理机构，确定职位、职责和职权，协调相互之间的联系，从而将组织内部各个要素联结成一个有机整体，使人力、财力、物力、信息、时间、技术等资源得以最佳配置和利用。

高校大学生教育管理机构设置是否科学合理，组织工作是否有效，直接关系到大学生的成长和未来发展，关系着高校大学生教育管理目标的实现。要有效地实施高校大学生教育管理，一定要使高校大学生教育管理组织机构科学化、合理化，为此，就需要构建一套科学的高校大学生教育管理机构并使之有效发挥其职能。

（1）高校大学生教育管理机构及其职能。当目前，各高校的学生管理工作已形成了比较一致的组织结构形式，具体表现为形成了由校党委副书记、副校长，学生工作处、团委、一院系党总支副书记、一年级辅导员、学生会等由上至下的组织管理结构。

①学生工作处。学生工作处同时具有行政管理职能和思想政治教育职能，既负责学生的招生、就业、奖惩、生活指导、日常行为管理等行政管理工作，又负责新生入学教育、日常思想教育和毕业生就业思想教育，如此安排为管理和教育有机结合提供了组织保障，有益于全校学生工作在学校党委宏观的指导下有步骤、有计划地进行，克服管理和教育脱节“两张皮”现象。

②团委。团委在高校大学生教育管理方面的主要职能是：在学校党委的领导下，全面负责大学生团组织的建设和管理；负责对学生会和学生社团的管理和指导；组织和指导学生的社会实践活动和志愿者活动等。

③学生会。学生会具有比较完整的组织系统，包括校学生会、院（系）学生会及各班级的班委会。学生会具有比较严密的管理系统，各部门、各成员之间既有分工也有合作，既是相对独立的又是一个整体。要使高校大学生教育管理工作有效实施，必须完善、巩固和依靠学生会组织。对学生组织，学校上级管理部门除了给予必要的指导外，在财力上也要给予一定的支持。同时，还应该给予他们一定的权力和地位，充分发挥他们的积极性和主观能动性。因为学生会组织的结构设置涉及广大学生的方方面面，代表的是广大学生的利益，所以如何使学生会组织真正起到学生与学校之间的桥梁作用，对有效实施高校大学生教育管理非常重要。

④大学生自我管理委员会。目前，有一些高校开始尝试设置大学生自我管理委员会，它一般挂靠在校学生处或团委，下面设立生活保障部、宿舍管理部和风纪监察部等机构。生活保障部的主要任务是参与创建文明食堂的宣传和教育，其目的在于美化就餐环境，维护就餐秩序，对不文明行为进行纠正和制止，创建文明的生活环境。宿舍管理部主要是与学校宿舍管理办公室或物业管理部门共同对宿舍进行管理，以求为广大学生营造一个清洁、安静、

舒适的学习和生活环境。风纪监察部的主要职责在于整治校园环境，可定时、定点或随时随地对学生中发生的违纪行为进行监察，同时承担着维护食堂秩序、学校巡视及检查学生上课迟到、早退等方面的工作。

（2）高校大学生教育管理工作者的职务设计。美国著名的管理学家哈罗德·孔茨说过："为了使人们能为实现目标而有效地工作，就必须设计和维持一种职务结构，这就是组织管理职能的目的。"为了提升高校大学生教育管理工作成效，各高校正在进行学生管理工作者的新的职务设计，力求实现学生管理工作者的"三化"——职业化、专业化和专家化。高校大学生教育管理工作是集理论性、知识性、实践性、时代性和时效性于一体的工作，它致力于大学生的成长和发展，应该成为一种专门的职业。学生管理工作者既应该是学生教育管理服务工作的多面手，又应该是学生就业指导、生活学习指导、成才指导、心理咨询、形势与政策教育等方面的专业人才，唯有如此才能满足学生管理工作的需要，提高管理成效。在实际工作中，不仅能应付日常事务，还能认真研究学生工作中出现的新问题，要像专家和学者那样，把学生管理工作当作一种事业去经营、去追求，掌握学生管理工作的规律和艺术，成为学生管理工作方面的专家学者。

（3）高校大学生教育管理队伍的人员配备。为了进一步提高高校学生管理的水平和成效，各高校应该根据教育部的要求和实际工作需要，科学合理地配备足够数量的学生管理工作队伍，在保证数量的基础上，专兼职相结合，不断优化结构。目前，各高校的学生管理工作基本上采取院系主要负责制，由院党委副书记、专职辅导员及兼职辅导员协同工作。此外，基于目前大学生就业形势的日益严峻，不少高校在高校大学生教育管理队伍中尝试配备职业指导人员，旨在为大学生成功就业提供指导和必要的帮助。

二、高校大学生教育管理的方法

（一）高校大学生教育管理方法的内涵

高校大学生教育管理方法是指在管理活动中为实现管理目标、保证管理活动顺利进行所采取的工作方式。管理方法是管理过程中不可缺少的运作工具，它来自管理实践，而又与管理理论的形成有着密切的关系。从某种意义上说，现代管理理论中一个又一个学派的出现，无不标志着管理方法的一次又一次创新。

管理方法作为管理理论、管理原理的自然延伸与具体化和实际化，是管理原理指导管理活动的必要中介和桥梁，是实现管理目标的途径和手段，管理理论必须通过管理方法才能在管理实践中发挥作用。管理方法的作用是任何管理理论、管理原理都无法替代的。如今，管理方法在吸收和运用多种学科理论和知识的基础上已逐步形成了一个相对独立、自成体系的领域。

（二）高校大学生教育管理的主要方法

1. 目标管理的方法

目标管理是 1954 年由管理大师彼得·德鲁克提出来的，德鲁克认为，为了充分发挥不同组织成员在计划执行中的作用，协调他们的努力，必须把组织任务转化成总目标，并根据目标活动及组织结构的特点分解为各个部门和层次的分目标，组织的各级管理人员根据分目标的要求对下级的工作进行指导和控制。目标管理要求组织内的每个人、每个部门全力配合实现组织的目标，对于分内的工作自行设定目标、决定方针、编订制度，以最有效能的方法达成目标，并经由检查、绩效考核、评估目标达成状况及尚需改善之处，作为后续目标设定的参考依据。

（1）目标管理的程序

①设定目标。设定目标包括确定学校的总目标和各部门的分目标。总目标是学校在未来从事活动要达到的状况和水平，其实现有赖于全体成员的共同努力。为了协调大学生在不同时间地点的努力，各个部门的各个成员都要建立和学校目标相结合的分目标。这样就形成了一个以学校目标为中心的一贯到底的目标体系。在设定每个部门和每个成员的目标时，高校大学生教育管理部门和学生管理工作者要向学生提出自己的方针和目标，学生也要根据学生管理部门和学生管理工作者的方针和目标制定自己的目标方案，在此基础上进行协调，最后由学生管理部门和学生管理工作者综合考虑后做出决定。具体来说，设定目标就是要做到每个院系、每个班级在不同的阶段都要设定不同的目标，如学习目标、实践能力目标、纪律目标、卫生目标及道德修养和人生理想目标，并以此作为努力的方向。同时，还要注意目标的设定一定要明确清晰、能够量化。要求要适度，既要具有挑战性，又是通过努力可以达成的。最后，还要为目标的实现确定一定的时程，即目标实现要有一定的时间限定，不能无休止。

②执行目标。各层次、各院系的大学生为了达成分目标，必须从事一定的活动，同时在活动中必须利用一定的资源。为了保证他们有条件组织目标活动，就必须赋予他们相应的权力，使之能够调动和利用必要的资源。有了目标，大学生们便会明确努力的方向，而有了权力，就会产生强烈的与权力使用相应的责任心，从而充分发挥自己的判断能力和创造能力，使目标执行

活动有效地进行。

③评价结果。成果评价既是实行奖惩的依据，也是上下左右沟通的机会，还是自我控制和自我激励的手段。成果评价包括学生管理机构和学生管理工作者对学生的评价，学生对学生管理部门机构和学生管理工作者的评价，同级关系部门相互之间的评价及各层次自我的评价。这种上、下级之间的相互评价有利于信息和意见的沟通，也有益于组织活动的控制。而横向的关系部门相互之间的评价，也有利于保证不同环节的活动协调进行。而各层次中学生的自我评价，则有利于促进他们的自我激励、自我控制及自我完善。

④实行奖惩。学生管理部门和学生管理工作者对不同成员的奖惩，是以上述各种评价的综合结果为依据的。奖惩可以是物质的，也可以是精神的。公平合理的奖惩有利于维持和调动大学生饱满的工作热情和积极性，奖惩有失公正，则会影响大学生行为的改善。

⑤确定新目标。开始新的目标的管理循环。成果评价与成员行为奖赏，既是对某一阶段组织活动效果及成员贡献的总结，也为下一阶段的工作提供了参考和借鉴。在此基础上，为各组织及其各层次、部门的活动制定新的目标并组织实施，便展开了目标管理的新一轮循环。

（2）实施目标管理应遵循的原则

①授权原则。即在大学生实施目标的过程中，学生工作管理者要能够给予学生适度授权。

②协助原则。即学生工作管理者要给学生提供有关资讯及协助，并且要帮助他们排除实际执行中的一些困难，解决一些问题。

③训练原则。作为高校学生工作管理者，一方面要进行自我训练，以不断提高自己目标管理的水平；另一方面要训练学生，帮助他们掌握相关的方法。

④控制原则。目标的实现是有期限的，为了确保目标的顺利实现，学生管理部门和学生工作管理者在每个阶段中都要对学生的活动加以监督、检查，对出现的问题及时进行协助矫正。

⑤成果评价原则。成果评价原则由一系列原则构成，这些原则包括公开、公平、公正和成果共享原则。坚持公开原则就是要求公开评估，如学生进行自我评估，学生管理工作者进行客观评估。坚持公正和公平原则就是本着对事不对人的原则对目标达成情况进行客观比较。坚持成果共享原则要求充分肯定学生的成绩，将成绩归于学生。

2. 民主管理的方法

当前的高校大学生教育管理工作中，实施民主管理势在必行。对民主的追求是人的一种高层次追求。民主与人的素质有关，大学生作为文化素质比较高的人群对民主会有更高、更切实的要求。对大学生实施民主管理，不仅有助于大学生学习、生活和社会实践活动的有效进行，也有利于大学生实现自身的全面发展。实施民主管理，应着力做到以下几点。

（1）尊重学生的主体性。对大学生进行民主管理，就是要求在对大学生的管理中重视人的因素，也就是重视大学生的主体性，把大学生视为具有独立人格的个体。目前，有些学生工作管理者忽视学生的主体地位和平等独立的人格。例如，部分规章制度都是在学生不知情的情况下制定出来并要求学生遵守的，学生在这一过程中完全处于被动的位置。再如，为了执行上级任务，忽视学生主体意愿，单方面强制性开展活动。要实施民主管理，高校大学生教育管理工作者必须改变态度，充分尊重大学生的主体地位，将其视为实现教育目标的主体，实现学校特别是高校大学生教育管理工作者与学生之间的互动，倾听他们的心声，反映他们的要求。对大学生的重视和尊重，会激发大学生对学校和学生工作管理者的信任和合作态度，进而支持其工作。如此一来，就会达成学校和高校大学生教育管理工作者与大学生之间的相互信任、相互支持，从而取得良好的管理效果。

（2）正确认识学生的价值。高校大学生教育管理的对象是大学生，高校大学生教育管理的目的在于促进大学生身心健康的发展，使其个性得到张扬。在高校大学生教育管理中，应该充分发扬民主，把大学生既看作高校学生管理工作的对象，又看作管理的主体。目前，有些高校的学生工作管理者在进行管理和教育的过程中，缺乏民主，忽视人的自觉性，重制度，轻教育，工作简单粗暴，奉行惩办主义，脱离育人的宗旨，导致师生关系紧张，这种管理方法必须摒弃，应当采取民主的方法。着力培养大学生的主体意识，引导大学生自我管理、自我教育、自我服务、自主发展等，促使其主体能力得到最大限度的发挥，为日后走向社会、走向工作岗位打下坚实的基础。

（3）建立学生参与管理的新型管理模式。从大学生的心理特征来看，他们正处于心理自我发现期，这一时期产生了认识和支配自我、支配环境的强烈意识，他们的思想和行为表现明显区别于中学生的相对独立的倾向，希望自己的意志和人格受到外界更多的尊重。他们对学校制定的规章制度、行为纪律会思考其合理性，不想被动地处于服从和遵守的地位，而是要求参与管理。根据大学生的这一心理特点，高校大学生教育管理应该打破传统的专制管理模式，激励大学生在管理中的主动精神和主人翁态度，鼓励大学生对学校的各项工作进行策略思考，形成民主管理的良好氛围，使学生真正参与到高校事务中，体现学生的主体地位。例如，建立学校与学生的平等对话关系，让他们参与到教学工作、管理工作、后勤工作、社团工作中，这样不仅可以减少潜在冲突的发生，而且可以改善学校及学生管理工作者与学生的关系，建立彼此合作、相互依赖、相互尊重、平等对话的良性互动关系和双方主体间的伙伴关系。

3. 刚性管理的方法

刚性管理是指以规章制度为核心，凭借制度约束、纪律监督、奖惩规则等手段对组织成员进行管理。刚性管理是一种强调严格的控制，采取纵向高度集权的，以规章制度为核心的管理。规章制度往往是以规定、条文、标准、纪律、指标等形式出现，强调外在的监督与控制，具有很强的导向性、控制性，其约束力是明确的。俗话说："没有规矩，不成方圆"。任何一个组织机构，它的正常运行和发挥效益都离不开严格的制度和规范。刚性管理是保证一个组织健康、正常运转所必要的管理机制的一个有机组成部分，它是以"合于法"为基本思路的管理方式和手段。

大学生正处于成长的关键时期，极易受外界环境的影响，惰性的增长较为容易，判断能力、自我控制能力也比较差。在自身发展过程中，表现出强烈的自我矛盾倾向，如自我意识虽强，但缺乏自我监督、约束和调控的能力。有自我设计、自我奋斗、自我选择、自我发展的欲望，但是又受到自身素质、能力和社会环境的限制。在如此情形下，刚性管理不仅是必要的，也是行之有效的。刚性管理的出发点并不是为了惩罚学生，而是在"法理"的前提下，达到正确规范学生，约束学生的行为，进而维护学校秩序，提高教育教学质量，提升学生的学习和活动效率，达到促进学生成长的目的。

刚性管理强调以外在的规范为主，它主要通过各项政策、法令、规章、制度形成有序的行为。管理者的意志通过这些具体条文体现，学生的一切行为都有章可循、有据可依，是非功过的评说都有统一的标准、统一的尺度。这些有形的东西不仅具有很强的可操作性，使学生有明确的行动方向，而且给学生以安全感和依托感，使学生放心地、充满希望地在制度框架内自由行动。实施刚性管理，应着力抓好以下几个环节。

（1）依法治校、依法管理，构建宏观管理体系。以管理主体结构为基础，构建新的学生宏观管理体系，以法制建设为手段，保证宏观管理的有序高效运行。随着教育活动层次和范围的不断拓展，教育行为的社会背景也发生了许多变化，学生不再被简单地当作学校管理的相对人，而是学校内部关系的权利主体，不仅承担义务，而且享有权利。2005 年 9 月，教育部新颁布的《普通高校学生管理规定》，明确提出了学生所享有的六项权利和应该履行的六项义务，为学生管理内容和范围提供了依据。

（2）制定校纪校规，严格管理。学校为了维护教学秩序和教育环境，必须对违反校规和屡犯错误的学生（如考试作弊、旷课、斗殴等）给予处分。当然，在管理制度上对违纪的处分标准要依法和清晰，不能恣意专断地滥用学生管理权。在做出涉及学生权益的管理行为时，必须遵守权限、条件、时限及告知、送达等程序义务，做到程序正当、证据充分、依据明确、处分恰当。

（3）建立日常工作制度。学生管理的日常工作，有相当一部分是可预见的，有规律可循的。建立规范化的日常工作制度，既可以为学生工作在执行、管理方面提供制度上的保障，也便于监督，还可以提高工作效率，降低工作成本，减少违纪现象。

4. 柔性管理的方法

柔性管理是相对于刚性管理提出来的。进入21世纪，人类对管理的要求已经不单单停留在严格、规范、科学的层面，而是更强调人性之间的相互关怀和人格尊重，旨在不断追求人与人之间的情感互动和心灵共鸣，从而共同实现组织目标。促进人的全面发展的管理活动越来越为人们所接受并运用。于是，柔性管理便应运而生。高校大学生教育管理亦是如此，它面对的是有思想、有感情、有追求的大学生，单纯的刚性管理已不能完全解决高校大学生教育管理中面临的许多问题，必须辅之以柔性管理。柔性管理坚持以人为中心，注重人文关怀和心理沟通，强调通过营造和谐的组织文化与共同的价值观，以增强组织的向心力和凝聚力，从内心深处激发每个成员的积极性、主动性和创造性。柔性管理是刚性管理的完善和升华，以刚性管理为基础和前提，旨在使组织焕发生机和活力。如果刚性管理更多地表现为静态的外显行为，那么柔性管理则更多地表现为动态内隐的心理认同。但对于高校大学生教育管理而言，不管是刚性管理，还是柔性管理，其落脚点都是为了促进大学生的成长发展。因此，这两种方法在高校大学生教育管理中如同车之两轮、鸟之两翼，是相辅相成的，应该做到“共融、共生、共建”，实现刚柔相济。

对于高校学生管理工作者来说，柔性管理的精髓在于以学生为本，注重人文关怀，它强调在尊重大学生人格和尊严的基础上，充分发挥大学生的积极性、主动性和创新精神，使之在大学的学习、生活、能力培养、品格塑造、校园活动及社会实践方面变被动为主动，变消极为积极，变他律为自律，促进大学生自我管理、自我约束、自我完善，趋善避恶，使之成长为适应社会需求的高素质、强能力、富有良好潜质和优秀品格的优秀人才。

实施柔性管理，应该遵循以下几项基本要求。

（1）确立“以学生为本”的管理理念。学生管理工作者在对大学生的管理中，必须确立“以学生为本”的管理理念，将“一切为了学生，为了学生的一切，为一切的学生”作为工作的出发点，整个学生工作围绕学生的全面发展来展开。为此，必须改革以管理者和管理制度为中心的传统管理，实现工作方式方法由管理型向引导服务型转变，由说教型向示范型转变，真正体现“以学生为本”的工作态度，把保障和维护学生的利益放在所有工作的首位，以促进大学生全面协调发展为目标，把管理与大学生的幸福、自由、尊严、价值目标联系在一起，切实做到在情感上感动学生，在人格上尊重学生，在学习上激励学生，在生活上关心学生，在成才上引导学生。尽一切力量在学生的学习、生活、实践等方面予以帮助和指导，最大限度地满足每个学生成长成才的需要。

（2）进行个性化管理。柔性管理的职能之一就是协调，而协调关系只能从个体开始。也就是说，学生管理工作者必须与具体的学生打交道，在打交道中形成共识，形成相似。心理学家在对魅力的研究中发现，人们对于与自己相似的个体容易保持好感，这是因为“相似性吸引”使然。因此，学生管理工作者应该由个体入手进行工作，实施个性化管理，凡事因人、因事、因时、因地而异，充分考虑学生的个性特点、兴趣爱好、个人定位、个人素质和能力、优势劣势及未来的职业目标等因素，既考虑学生的思想动态、心理变化及需求的共性，又要兼顾学生的不同性格特点、兴趣爱好、未来职业选择和职业目标的差异性，进行有针对性（必要时可以一对一）的个性化管理。

（3）发挥大学文化的引领作用。大学文化虽然是一只无形的手、看不见的手，但却是一所大学的灵魂之所在，它在塑造大学个性、凝聚广大师生员工的精神和灵魂方面发挥着巨大作用。健康向上、充满活力且体现时代精神的大学文化对学生价值观的形成、行为的规范、素养的提升具有潜移默化的影响。因此，在柔性管理中，应该发挥大学文化的引领作用，有针对性地将大学文化融于院风、班风、学风的建设中，甚至融于一切活动中，以此培养大学生健康向上、积极进取的精神和良好的行为，使之不仅学会做事——掌握知识、发展能力，而且学会做人——养成良好的习惯，形成健康人格、优良品德，促进大学生的自我完善和不断成长。

（4）建立健全激励机制。没有激励就没有动力，从某种意义上说，对大学生的管理就是围绕着激励展开的，激励是大学生自主性、主动性、积极性、创造性和潜力得以持续发展的动力源泉。从管理学角度来看，人的所有行为皆由动机支配，动机又由需要来引发，无论何种行为，其方向都会指向目标，并进而满足需要。基于此，对大学生的管理也必须从培养全面发展的、适应社会需要的人才出发，从大学生的具体需要、动机、行为、目标入手，建立健全大学生激励机制，关注大学生的思想、情感、心理及行动，帮助学生进行目标管理，指导学生进行职业生涯规划，为每个人的个性化发展拓宽空间。创造一种激励学生提高素质、强化能力、健全人格、激发创新、追求卓越的文化环境，激发学生夯实专业基础、不断提高能力水平、加强思想品德修炼，使之成为有理想、有目标、有追求、有能力的优秀人才。

（5）注重身体力行。彼得·德鲁克在《卓有成效的管理者》一书前言中指出：管理工作在很大程度上是要身体力行的，如果管理者不懂得如何在自己的工作中做到卓有成效，就会给其他人树立错误的榜样。高校大学生教育管理的形式多种多样，如树立典型、学习材料、宣讲规范、个别谈心、反例警示、创造环境等，其中运用最多的是言教，而效果最好的是身教。身教重于言教。孔子说："其身正，不令而行；其身不正，虽令不从。"当代大学生崇尚人格魅力，高校学生管理人员要实现对大学生的有效管理，必须首先赢得大学生的尊重。而要做到这一点，除了自身德才兼备外，还必须以自己的真诚无私去换取学生的真诚无私，以自己的善良正派去构筑学生的善良正派，以自己的务实强干引领学生的务实强干，以自己的纯洁美好去塑造学生的纯洁美好。唯有如此，学生管理工作者才能以榜样的力量激励学生，以高尚的人格感染学生，以实在的行动带动学生，使之产生强烈的认同感，消除其对抗情绪和逆反心理，促使其真正做到言行一致，知行合一。大量事实证明，学生管理工作者的身体力行，不仅可以提高管理的实效性，还可以减少重复劳动和无效工作。

5. 系统管理的方法

系统管理，即将相互关联的过程作为系统加以识别、理解和管理，以便组织提高实现目标的有效性和效率。

高校大学生教育管理具有系统性管理的特点，主要表现在以下几个方面：一是整体性。高校大学生教育管理作为一个系统是由多个子系统组成的，如教学管理、生活管理、社团管理、社会实践管理、就业管理等，这些子系统之间既是相互独立的，又存在着相互依存、相互影响和相互制约。根据系统论思想，如果整个学生管理系统的各个子系统的功能都能发挥正常，那么整体的功能就会比较理想。即使某些子系统的功能发挥不甚理想，只要能够组成一个良好的有机整体，一般情况下也能够取得较为理想的效果，这就是所谓的整体大于部分之和。二是关联性。高校大学生教育管理工作中的各要素既相互区别，又相互联系、相互作用、相互依存，并各有分工。例如，社团管理与社会实践管理尽管分工不同，但彼此之间却又紧密相连，很多时候会表现得你中有我，我中有你。三是环境适应性。特定的环境会造就特定的管理，高校大学生教育管理离不开特定的环境，如大学生专业知识的学习、实践能力的打造、品格素养的修炼等都需要在一定的环境中进行，离开一定环境是不可想象的。学生管理工作只有具备了环境的适应性，能够顺应环境、有效利用环境提供的有利条件，才会富有成效。四是动态平衡性。学生管理系统的各要素在时间、空间和资源上的不同组合，要随着宏观环境即社会的变化发展而变化发展，对宏观环境要保持灵敏的适应性。例如，在当今金融危机背景下，社会对大学毕业生的素质能力提出了新的要求，上手快、学习能力强、富有创新精神成为许多用人单位的共同诉求，这就要求我们的学生管理工作必须改变传统的重知识灌输、轻学习能力和创新能力培养的教学管理模式，变单纯的知识教育为知识与能力培养并重，加大社会实践的力度以适应社会需求。与此同时，还必须保持系统的动态平衡，即让系统的各要素在各环节上保持相应的比例关系，以免系统内部失调，影响整个系统的正常运转。五是目的性。高校大学生教育管理系统是一个具有多种目标的系统。在这一系统中，既有总的目标，又有分目标，总目标、分目标有机结合形成一个目标体系，通过目标体系的不断优化，实现资源的有效利用。例如，一方面要最大限度地利用学校资源；另一方面要争取社会上一切可能的资源为我所用，以此推动学生管理工作的突破，使之为学生提供最大的发展空间。

在高校大学生教育管理工作中实施系统管理，应着力抓好以下几个环节。

（1）建立一个多维立体的高校大学生教育管理体系，以最佳效果和最高效率实现管理目标。这一体系应包括一种高校大学生教育管理的组织结构，一种符合大学生学习、成长特点和进一步发展的管理模式，一套标准化的工作流程，一套科学完善的高校大学生教育管理工作制度，一套行之有效的管理运作方法等。

（2）正确理解和把握体系内各过程的相互依赖关系。在一个体系中，各过程是紧密相连的，往往会牵一发而动全身。因此，高校大学生教育管理工作者应该力争在学生工作管理过程中做到统筹兼顾，实现体系内各个过程之间的相互协调、相互配合，谋求 1+1 ＞ 2 的效果。

（3）各部门及人员必须正确认识和理解为实现共同的目标各自所必须发挥的作用和担负的责任。作为同一系统的各层次、各部门的管理人员必须各尽其职，各负其责，这样才能减少职能交叉造成的障碍，顺利实现高校大学生教育管理的目标。

（4）高校大学生教育管理的决策者必须准确判断各个管理部门的组织能力，在行动前确定资源的局限性，避免因决策失误或虑事不周而造成人力、物力、财力的浪费。

（5）设定目标，并据此制订计划，设计方案，确定如何有效运作本体系中的一些特殊活动，使之能够高水平完成。

（6）通过测量和评估，持续改进体系。通过研究制定完善测量、评估制度与办法，探索建立评估制度体系，加强对评估指标体系和规范简便评估办法的研究，及时进行检查和评估，从而不断提高高校大学生教育管理的质量与水平，努力推进高校大学生教育管理目标的实现。

第四节　高校教育管理的发展与创新

一、高校大学生教育管理的发展

（一）高校大学生教育管理的历史经验

高校大学生教育管理的实践，特别是改革开放以来的探索，为高校大学生教育管理积累了基本经验。概括地说，主要包括以下几个方面。

1. 遵循国家教育方针，确保高校大学生教育管理的正确方向

国家教育方针是国家在一定历史时期内为实现该时期的基本路线和基本任务，对教育工作所提出的总的指导方针。国家教育方针规定着我国教育的总方向和培养目标，集中体现了坚持党对教育工作的领导，坚持教育为社会主义现代化服务，为人民服务，教育与生产劳动相结合，培养德、智、体、美、劳全面发展的合格社会主义建设者和可靠接班人等要求。高校一切工作都要紧紧围绕国家教育方针来进行。高校大学生教育管理作为一种高校工作管理手段，是为国家的教育方针服务的，是为培养德、智、体、美、劳全面发展的社会主义建设者和接班人服务的。实践证明，高校大学生教育管理一旦脱离了国家教育方针，就会迷失方向，就会偏离轨道，就会造成管理工作的混乱和校园失序。高校大学生教育管理工作，必须紧紧围绕我国教育的总方向和培养目标，全面贯彻国家教育方针，为培养社会主义建设者和接班人服务。

2. 发挥育人功能，依据教育规律，科学管理

管理是一门科学。高校大学生教育管理作为管理科学的一个分支，应遵循管理的一般规律，充分发挥其育人功能，科学、有效地进行管理。与一般管理工作不同，高校大学生教育管理的对象是大学生群体，有其特定的指向性。改革开放以来，我国经济快速发展，社会结构发生深刻变化，利益关系

和利益格局重新调整，这给人们的思想观念带来一定的冲击。在新的时代背景下，大学生们总体上树立了自强意识、创新意识、成才意识、创业意识，但与此同时，在一些大学生中也不同程度地存在政治信仰迷茫、理想信念模糊、价值取向扭曲、诚信意识淡薄、社会责任感缺乏、艰苦奋斗精神淡化等问题。因此，在高校大学生教育管理工作中，必须注意把握时代特征，根据大学生的具体特点，依据教育规律，探索高校大学生教育管理工作的科学方法，加强高校大学生教育管理工作的科学性，实现科学管理、有效管理，在管理中培养人和教育人，引导大学生树立正确的世界观、人生观和价值观，使高校大学生教育管理工作既符合大学生的实际状况，又符合国家的人才培养要求。

3. 完善学生管理制度，提高管理水平，依法管理

依法建章，规范管理是现代学生管理所必须遵循的原则，是贯彻依法治国、人才强国战略的必然要求。随着高校办学规模的不断扩大，办学层次的不断提高，高等教育由精英化教育阶段步入大众化教育阶段，学校管理作为一种公共权力，其如何行使，怎么行使，日益受到社会各界的广泛关注。同时，随着大学生群体法律意识的增强，学生维权活动增多，客观上要求在高校大学生教育管理工作中，必须依法管理，不断深化管理制度改革，健全管理制度，细化管理流程，在涉及学生切身利益的管理活动中切实保障学生的合法权益。这就必然要求在高校大学生教育管理中高校根据自身办学层次、办学特色和办学类型不断创新各种适合自身的办学管理制度，使之科学化、规范化。在完善学生管理制度的基础上，不断提高管理水平，增强管理能力，做到依法管理。

4. 坚持教育与管理相结合，形成齐抓共管的长效机制

高校大学生教育管理工作涉及大学生在校期间学习和生活的方方面面。从对大学生的学籍管理、课外活动管理到对大学生群体组织管理、安全管理，高校教学、科研及行政管理各个部门和各个机构都相应地承担着管理学生的责任。因此，高校大学生教育管理必须坚持教育与管理相结合，发挥高校各个部门和机构之间的合力，实现教学和管理部门之间的密切合作，改变以往那种认为高校大学生教育管理只是学生工作部门的事，只有各院、系的辅导员和班主任才负有管理大学生的责任等错误认识，形成齐抓共管的长效机制。这就客观地要求各部门之间权责明确，分工有序。只有在明确权利和责任的前提下，才能做到全校工作一盘棋，形成齐抓共管的工作局面。坚持教育与管理相结合，形成齐抓共管的长效机制，还必须依靠体制和队伍方面的建设，如有些高校建立了定期的学校各部门联席会议制度或学生工作领导小组等，

都很好地保障了各职能部门之间协调有效的运转和功能的充分发挥，增强了高校大学生教育管理工作的针对性和实效性。

5. 充分利用现代科学技术手段，不断创新管理方式、方法

随着时代的发展和科学技术的不断进步，高校大学生教育管理的对象和工作条件也在不断地发生变化，这就要求高校大学生教育管理不断创新管理方式方法，以适应不同时期的新情况和新要求。因此，充分利用现代科学技术手段，如信息技术、计算机网络技术、测量技术、咨询技术、评估技术等技术条件，成为不断创新高校大学生教育管理方式方法的必然选择。这就要求在高校大学生教育管理工作中，一方面要充分利用先进的管理技术，积极推进办公网络化、自动化建设，在管理过程中重视对网络技术和相关信息技术的应用，将各种现代技术引入并渗透到高校大学生教育管理中；另一方面，要在充分利用现代科学技术手段的基础上，不断开发针对高校大学生教育管理实际的应用技术管理平台，建立如大学生信息管理系统、高校大学生教育管理网络互动系统、大学生综合管理办公系统等现代化的办公及服务体系，以科学技术的创新不断推动管理方式方法的创新。

（二）当代高校大学生教育管理的新情况

1. 管理环境的新变化

（1）国际国内环境的变化决定了高校大学生教育管理环境的时代性。第一，随着全球化的推进，我国在政治、经济、文化、教育等诸多领域的国际交流与合作日趋频繁，高等教育国际化进程加速。在这一过程中，将不可避免地受到西方敌对势力“西化”“分化”的影响，大学生成为主要的影响对象，面临着西方文化思潮和价值观念的冲击。与此同时，高校学生管理工作既要考虑吸收国际先进管理经验，又要保持中国高校大学生教育管理的特色。第二，改革开放以来，我国社会发生了深刻的变革，大学生既是改革开放成果的最大受益者，也受到了改革开放诸多矛盾的影响和冲击。在高等教育从“精英教育”向“大众化教育”转变过程中，越来越多的不同年龄阶段、不同学历层次、不同社会阅历、不同价值追求的人都有机会进入高校进修、学习，高校学生管理对象呈现出多样化的特点，高校大学生教育管理势必相应发生新的变化。第三，随着高等教育法制化进程的不断深入，法治观念逐步得到普及，个人维权意识也不断增强，大学生们不再简单地服从于学校管理，而是需要从学校获得更多的自由和权益保障，权利诉求不断增加。这就要求新时期的高校学生管理工作要做到“从严管理”与“以人为本”的有机结合。在此背景下，高校大学生教育管理体制革新步伐必须跟上社会进步和形势的

发展变化，进一步拓展学生管理工作内容，管理方法和手段必须体现出时代特征。

（2）高校办学模式的变化增加了高校大学生教育管理环境的复杂性。一方面，随着高等教育规模的不断扩大和高校后勤社会化的推进，部分高校由单一校区办学变成了多校区办学，校园由封闭式变成了开放式，部分地区甚至形成了大学城，大学生出现了生活社区化和成长环境社会化的新问题。大学生的学习、生活、社交、实践、娱乐等活动都呈现出走出校园、走进社区和走向社会的新趋势。这使学生群体管理由以前的建制式为主的群体管理向流动式群体管理转变，大学生安全管理也面临着前所未有的挑战，导致高校大学生教育管理的难度有所增加。另一方面，随着高校学分制和弹性学制的实施推广与不断规范，学年制整齐划一的教学管理模式逐步被打破，学生班级观念逐步淡化，学生自主选择专业、课堂、修业年限等，形成了以课程为纽带的多变的听课群，使不同专业甚至不同学校的学生在一起学习。学生管理的对象不仅局限于本专业学生，还包括因选修课程形成的其他专业或其他学校的学生，管理对象日趋复杂化。同时，以统一的教学计划为依据，以学习成绩为主要指标的学生评价体系失去了可操作性，以年级和班级为学生评价基本单位的难度增大，这可能会导致原有学生激励机制失效。现行的以班级和党团组织为建制的大学生群体管理体制已不能适应这一新的变化，基层管理组织的作用受到削弱。

（3）学生就业、资助、心理等现实需求的强化，凸显了高校大学生教育管理环境变化的现实性。从就业管理来看，随着就业高峰的来临，就业难问题成为社会关注的焦点，也成为每个大学生最关心的现实问题。面对日益严峻的就业形势，大学生对于国家的就业政策和就业市场规律明显不适应，学生的就业心态、诚信观念也不同程度地出现了偏差，学生对学校提供的就业市场、咨询指导、职业生涯规划、就业服务等有较高的诉求，但这种诉求不是当前所有高校就业管理能够满足的。这就使高校学生就业管理工作需要根据学生的现实需求，不断进行调整与深化，切实为学生成功就业铺平道路。从资助管理来看，随着我国经济的快速增长，人民的生活水平虽然有了较大提高，但目前在校大学生中经济困难学生的比例仍然较高，高校承载着不让任何一名学生因经济困难而辍学的任务。传统的资助管理只是对学生进行经济援助，使部分经济困难学生出现了情感负担重、上进心缺失等问题。因此，新时期的学生资助管理工作不仅要满足学生的物质需求，也要满足他们的精神需求。相应地，就会导致学生资助管理工作的内容大大扩充，工作难度也不断增加。从学生心理健康发展来看，部分大学生不同程度地出现了一些心理问题，直接影响到大学生的健康成长和日常学习生活，心理咨询与调适越来越受到大学生们的认可。但由于社会环境的影响和大学生成长环境的差异，学生心理特点和心理问题也体现出较强的时代特征，新的心理问题不断出现，并且发展性心理问题居多，这就要求在学生管理过程中，密切关注学生的思想和行为，根据学生特点，切实有效地解决学生的心理问题。值得注意的是，目前不仅存在经济困难学生、就业困难学生和心理困难学生等单一类别，还不同程度地存在经济、就业、心理三个方面困难复合而成“复困生”，这也使学生管理面临更多的矛盾，极大增加了学生管理工作的难度。

（4）互联网的发展增加了高校大学生教育管理环境的挑战性。随着信息技术的进步，特别是互联网的发展，社会生产生活方式发生了相应的变化。一方面，网络已经成为大学生获取信息的主要来源，大学生既是网络信息的生产者，也是网络信息的消费者，海量信息对促进大学生更新知识、开阔视野有着较大的促进作用，有效地激发了他们的学习兴趣、创新意识、竞争意识，形成新的文化意识和文化精神。另一方面，网络给高校学生管理工作的有效开展带来了一定的负面影响。网络信息的开放性、快捷性、丰富性等特点，使知识的权威性受到质疑。网络的虚拟性、隐蔽性使网络成为有害信息的滋生地和传播地。一些大学生出现了沉溺于网上虚拟世界不能自拔，难以明辨信息而上当受骗，甚至出现了网络犯罪等情况。对于学生管理而言，网络是一把“双刃剑”，给学生管理工作带来了新的挑战，需要学生管理工作者具有网络化思维，在网络环境中加强学生的正向管理，最大限度地消除网络对学生的负面影响。

2. 管理对象的新特点

《中共中央、国务院关于进一步加强和改进大学生思想政治教育的意见》明确指出，总体来看，当代大学生思想状况的主流是积极、健康、向上的。但在发展社会主义市场经济和对外开放的条件下，在各种思想文化相互激荡的环境中，大学生思想活动的独立性、选择性、多变性、差异性明显增强，受到各种思想文化的影响明显增多。一些大学生不同程度地存在政治信仰迷茫、理想信念模糊、价值取向扭曲、诚信意识淡薄、社会责任感缺乏、艰苦奋斗精神淡化、团结协作观念较差、心理素质欠佳等问题。

（1）从横向上看，不同学生群体由于理想追求、知识水平、生活背景、努力程度的不同，体现出了明显的差异性。从党员群体来看，他们是当代青年大学生中优秀分子，代表着青年的发展方向，是大学生的标兵，是党与大学生联系最紧密的桥梁和纽带。他们理想信念坚定、政治意识强、政治认同积极，价值观、人生观积极向上；热爱祖国、热爱人民，关注国家大事，崇尚良好社会公德；富有正义感、集体荣誉感和团队精神，自主管理能力与帮扶助人意识强。但部分学生党员也表现出党性修养不足、功利性明显等特点。从学习优秀学生群体来看，他们学习目标明确，有强烈的求知欲和探索精神；敢于坚持真理，敢于开展批评；珍惜时间，讲求效率；具有良好的学习习惯，能自觉地遵守学校纪律和公共秩序。但也有部分学习优秀的学生表现出了高高在上、脱离群体，参与集体活动少，集体荣誉感弱等特点。从后进生群体来看，部分学生理想信念模糊，社会责任意识缺乏；价值观念扭曲，依赖心理严重；秩序意识淡薄，处事随心所欲。从经济困难学生群体来看，表现出了多样化的特点。他们一般具有较强的上进心和艰苦奋斗的精神，自强不息，富有爱心，乐于助人。但部分学生过于敏感、精神负担较重，容易发生不同程度的心理问题。

（2）从纵向上看，不同年级的大学生呈现出不同的特点。以本科生为例，从大一年级学生来看，他们具有不同程度的考上大学后的自豪感和优越感，对未来大学生活充满期待，自尊心强但心理承受能力较弱，参加集体活动热情较高，期望尽快转变角色适应大学生活。部分学生也表现出对大学生活不适应，学习目标丧失、人际关系处理不当、理财与生活经验缺乏等特点。从大二年级学生来看，他们学习目标逐渐明确，人生理想更加现实化和社会化，主动意识增强，学习意愿强烈，对自我的定位趋于理性。但也有部分学生开始受到情绪、人际交往、学习、生活、恋爱等的影响出现不同程度的心理问题。从大三年级来看，他们的人生目标更加现实，学生群体开始逐步分化为保研、考研、就业、出国等群体，并且体现出不同特征。准备保研的学生学习更加努力、更加注意收集保研相关信息；准备考研的学生则呈现出“三点一线”式的规律性学习，参与集体活动意愿明显降低；准备就业的学生开始积极准备就业的“敲门砖”，考取各种证书成为热潮，学生开始密切关注学校和本专业就业情况。从大四年级来看，上半学期所有学生都处于紧张状态，准备保研的学生四处奔波，准备考研和就业的学生压力增大，他们都会不同程度地表现出焦虑、急躁等特征。下半学期，除了尚未找到工作的学生外，其他学生的学习、生活开始呈现出散漫的状态，学生自由时间增加，社会兼职增多。毕业前夕更是表现出聚会多、安全隐患多等特点，毕业生离校教育管理的工作量大大增加。

3. 管理任务的新要求

（1）坚持“育人为本、德育为先”，切实解决大学生的实际问题，是高校学生管理任务的根本要求。大学生是十分宝贵的人才资源，是民族的希望，是祖国的未来。“培养什么人，如何培养人”成为高校教育管理的一项重大课题。高校必须紧紧抓住育人这个中心任务，坚持“高校教育，育人为本；德智体美，德育为先”的原则，从教书育人、服务育人和管理育人入手，坚持理论联系实际，贴近实际、贴近生活、贴近学生，切实为学生解决实际问题。辅导员的职责和教育管理工作的任务主要体现在：一是做好学生日常思想政治教育及服务育人工作，加强学生班级建设和管理；二是遵循大学生思想政治教育规律，坚持继承与创新相结合，创造性地开展工作，促进学生健康成长成才；三是主动学习和掌握大学生思想政治教育方面的理论与方法，不断提高工作技能和水平；四是开展相关工作调查和研究，分析工作对象和工作条件的变化，及时调整工作思路和方法；五是注重运用各种新的工作载体，特别是网络等现代科学技术和手段，努力拓宽工作途径，贴近实际、贴近生活、贴近学生，提高工作的针对性和实效性，增强工作的吸引力和感染力。

（2）一体化运行、专业化发展、个性化服务、信息化促进、法制化保障是当前高校学生管理任务的现实要求。第一，传统的学生管理已不适应富有时代性、复杂性、现实性、挑战性的高校大学生教育管理新环境，这就要求传统的学生管理应向教育、管理、咨询和服务拓展，应将高校大学生教育管理的基本任务确立为大学生的群体组织管理、行为管理、安全管理、资助管理、就业管理及管理的评估。大学生各管理部门应统筹规划、形成合力，实现学生管理工作的一体化运行。第二，随着高校大学生教育管理环境的变化和管理任务的细分，以及管理对象要求的不断提高和变化，要求高校学生管理必须走专业化道路，保障学生管理的效率和效益。第三，随着“以人为本”管理理念的深化和当代大学生个性化的凸显，高校大学生教育管理任务必须实现个性化服务。通过富有针对性的学生管理，促进每名大学生的顺利成长成才。第四，网络使学生管理工作面临新的挑战，已成为学生教育管理的重要阵地之一。这就需要高校学生管理工作既要利用网络加强对学生的教育、管理和服务，形成网上网下教育和管理的合力，又要充分利用现代网络技术，建立起信息化、网络化的学生管理系统，切实提高工作效率，更好地为学生服务。第五，近年来，司法部门介入学校教育管理，法院受理大学生状告学校案件的现象已屡见不鲜，法制化已成为新形势下高校大学生教育管理的迫切需求。这就要求学生管理要严格遵守国家的法律法规，有法律有规定必须按法律规定办，没有规定的，也必须符合法律的基本原则。高校在制定各项学生管理制度时，应该认真研究国家和地方相关法律条文，注意听取学生的意见，防止出现制度本身与法律法规相违背的尴尬问题，增强规章制度的科学性。只有这样，才能有助于增强学生管理的权威性，才能有助于保障学校的正常秩序。

二、高校大学生教育管理的创新

（一）高校大学生教育管理创新的路径

新时期高校大学生教育管理创新要通过引导学生实现自我管理、探索网络信息化管理及加强管理队伍建设三条路径来实现。

（1）以学生为本，引导学生实现自我管理，推进高校大学生教育管理创新

没有管理的教育和没有教育的管理都是软弱无力的。教育离不开管理，管理是为了教育。这就是以人为本的大学管理工作的全新辩证法。正是因为高校大学生教育管理工作与人才培养的这种特殊关系，才使高校大学生教育管理创新的路径有别于一般管理工作。它客观上要求用全新的管理理念作为指导。理念是反映对象深层次本质和规律的观念。教育理念是关于教育基本问题的深层次本质和规律的观念，具有理想性、持续性、统合性和范式性的特点。新时期的高校大学生教育管理理念要契合科学发展观的价值尺度，追求以人为本的管理。以人为本的实质就是尊重学生的发展特点和规律，尊重学生的人格个性，创建学生思想政治教育的良好环境，建构和谐的师生关系，培养素质全面、个性优长的创新人才；其关键是要正确发挥学生的主体性，尊重学生学习主体需求，使思想政治教育活动忠实于教育本身的内涵，根据不同的学生施以不同的教育，使学生的潜能得到充分的发挥，形成一种积极向上的内在的力量。开展高校大学生教育管理工作不是管理人、约束人、控制人，而是创造条件培养人，通过有效的培养发展人。在这种方式中，学生本身既是管理者，又是被管理者，学生在这种角色转换中极大提高了自我管理的积极性，特别是增强了学生的自我约束、自我管制能力，在学习知识的同时锻炼了自己，既“学到了知识”，又“学会了做人”，增强了学生的主体意识和责任感。

（2）运用网络实行信息化管理，推进高校大学生教育管理创新

在创新管理方式、方法和手段的过程中，要注重运用网络实行信息化管理，充分利用现代科学技术手段针对不同时期高校大学生教育管理发展新情况和新趋势，开发管理平台，整合管理资源，实现网络化、数字化管理。通过网络实现信息化管理，能够使管理方式变封闭式管理为开放式管理，进一步加强了管理与思想政治教育的融合、与学分制等学校管理制度的配合、与社会管理的结合。同时，通过网络实现信息化管理，也是促使高校大学生教育管理变单一管理为综合管理，把管理与服务紧密结合起来，以服务促管理的有效途径。在管理方法创新方面，要充分发挥网络虚拟互动平台作用，实现师生有效互动，变说教为参与、变灌输为交流、变命令为引导，创造学生

主动参与的全新工作局面。同时，在管理手段创新方面，当前最重要的是通过网络信息化促进实行法制化的规范管理，建立合理的程序机制。

（3）加强管理队伍建设，推进高校大学生教育管理创新

加强学生管理人员队伍建设是确保管理工作顺利开展的重要保障。随着新时期社会形势的变化，高校学生工作也发生了许多变化。学生工作的一些职能转化了，一些职能弱化了，一些职能需要强化了。学生工作由过去重管理向现在重教育、咨询、服务转化。心理健康教育、经济困难学生资助、助学贷款、就业指导等学生工作职能必须得到强化，才能适应形势需要。同时，大学生群体的思想问题和实际问题也更加复杂化、多样化，这就需要管理工作队伍凭借智慧、知识和技能形成"专家化"的本领。因此，从高校大学生教育管理工作的发展趋势来看，高校学生管理工作队伍必须走专业化道路。就当前高校大学生教育管理工作队伍而言，虽然在政治素养、敬业精神、个人品德上是合格过硬的，但在驾驭、解决实际问题的能力和本领上还与现实要求有较大的差距，在不同程度上存在着"本领恐慌"。一些管理工作者带着固有的陈旧观念和思维定式面对学生，不了解也不理解当代学生与以往迥然有别的内心世界和真实想法，甚至在语境上都难以与学生沟通，形成了代沟和隔阂。一些管理工作者虽然充满热情，但是缺乏相关的基本训练和专业知识，甚至在信息的获取和熟悉上还不及学生，难以对学生产生真正有效的指导。显而易见，"本领恐慌"状态下与学生产生的隔膜，解决不了学生面对的实际困难，也解决不了学生的思想问题。因此，需要有专职从事学生管理工作的人，通过专业方式担当起新时期学生管理工作的重任，以工作的专业化带动队伍的专家化。要超常规选拔人才，高起点聚合精英，不拘一格，广纳贤才，培育一支数量足、素质高、业务精、能力强的专业化学生管理工作队伍。

（二）高校大学生教育管理创新的内容

（1）突出高校大学生教育管理中的育人功能

高校大学生教育管理不是单纯地为了管理而管理，而是为了实现国家培养人才的目标而服务的。从这个意义上讲，高校大学生教育管理的目的就是培养国家需要的德、智、体、美、劳全面发展的人才，管理的目的就是育人。因此，高校大学生教育管理创新的内容，应充分重视育人功能的发挥，突出以育人为目的和指向的管理内容。以育人为目的和指向的管理内容一方面应体现在高校大学生教育管理过程中的人力、财力、物力等资源配置的方方面面；另一方面应体现在对大学生进行教务管理、安全管理、行为管理、群体

组织管理、就业管理、资助管理等学校各部门分属管理的方方面面。只有在这些方面充分发挥管理中的育人功能，才能实现高校大学生教育管理的创新。这就需要在高校大学生教育管理中处理好管理与思想政治教育的关系，将高校大学生教育管理与思想政治教育有机地结合起来，自觉地遵循教育规律，重视发挥思想政治教育在树立大学生正确的世界观、人生观和价值观方面的作用，实现科学管理和有效管理。

（2）完善高校大学生教育管理中的规章制度

高校大学生教育管理创新只有生成为基本的管理规章制度，长期坚持，不断完善，才能推动管理工作不断上新台阶。高校大学生教育管理工作要创新，必须以科学高效的工作规章制度作为基础性的客观保证。在规章制度建设方面，除了国家制度层面的保障外，高校自身还必须努力创新学生管理工作制度，真正在学生管理工作领域形成一套宽容有序、落实有力、鼓励创新的工作制度，为学生管理工作走上创新之路提供可靠的保证。这不仅是一个为完善规章制度而进行制度设置的问题，更是一个在严格执行现有制度的基础上，在高校大学生教育管理的日常工作经验的不断积累和实践过程中的完善和创新。因此，高校大学生教育管理要牢固树立依法治校、依法治教的法制观念，通过正当程序控制学生管理过程，规范权力运行程序，彻底避免学生管理运行的无序性、偶然性和随意性，保证管理行为的合法性和高效性。

（3）健全高校大学生教育管理中的服务体系

高校大学生教育管理的对象是青年大学生群体，不仅涉及大学生的生活、学习，而且涉及大学生社会实践和求职就业等方面。大学生活动的范围、领域、内容、目的都随着时代的发展和要求而不断地呈现出新的发展和变化，影响大学生的各种因素也相对复杂。这就要求高校大学生教育管理不能仅仅是管理者的管理、单纯的事务性的管理，而更应该是作为被管理者的青年大学生主动参与的管理、全方位服务性的管理。因此，高校大学生教育管理要强化和健全管理运行中的服务体系，积极健全管理中的服务软件和硬件体系。一方面，要进一步解放思想，深化对管理的认识，树立服务意识和服务观念，在高校大学生教育管理中不断提升服务水平，营造管理育人、教书育人、服务育人的各部门齐抓共管的良好局面。另一方面，要加大投入和研发力度，充分利用网络信息技术平台，实现网络化、信息化、一体化的教务、安全、就业等服务平台，引导大学生主动参与到管理中，最终实现自我教育、自我管理和自我服务。

第三章　高校学生管理工作体系的构建

第一节　大学生管理工作新体系构建的意义

一、构建大学生管理工作新体系的必要性

随着市场经济的建立、社会的发展及高等教育改革的深入，高校的学生管理又面临着难得的机遇和挑战。

（一）构建大学生管理工作新体系是经济社会快速发展的必然要求

随着市场经济的发展和高校扩招，高校学生管理正面临一系列的转变，如学生工作的部分管理职能正在向服务职能转变；大学生就业正在由计划分配向自主择业转变；固定学制正在向弹性学制转变；经济困难学生的资助由原来的发放助学金、困难补助向助学贷款和勤工助学转变等。这一系列转变使原来传统的学生管理理念、管理模式问题日益凸显，难以满足市场经济条件下高校发展的要求。而目前与之相适应的新的学生管理理念和模式尚未完全形成，这就为高校的学生管理带来了新的考验。

（二）构建大学生管理工作新体系是适应信息化时代发展的必然要求

在信息化迅速发展的今天，网络的发展和普及为高校学生管理提供了新的阵地和领域，提高了工作效率，为学生管理带来了难得的机遇，但同时网络也给学生管理带来新的问题。一是由于网络信息的快捷性、丰富性和开放性特点，使学生工作者在获取信息的渠道、时间、数量上与大学生相比不占明显优势；二是网络的虚拟性、隐蔽性使网络成为有害信息的滋生地和传播地，使大学生难以判别和抵御，有的上当受骗，还有的沉溺于网上虚拟世界不能自拔，这就为高校的学生管理带来了新的挑战。

（三）构建大学生管理工作新体系是高等教育改革和发展的必然要求

高等教育的全球化给学生管理提出了更高的要求。在这种情况下，高校学生管理必然要与世界先进高校学生管理接轨，用新的管理理念、管理体制、管理模式来适应时代发展的要求。如何保持主流意识形态的影响，树立健康正确的文化心态，都给高校学生管理工作提出了更高的要求。同时，教学体制改革使学生管理面临新的变革。目前，全国各高校普遍实施了学分制。在学分制下，学生管理打破了学年制整齐划一的教学管理模式，学生管理工作不仅局限于本专业学生，还要管理由选修课程形成的其他专业或其他学校的学生。同时，学生管理除了对学生进行教学和思想生活管理外，还需要帮助学生构造合理的学科知识结构，指导学生由定向学习变为自主选择性学习。因此，学生管理必须实现由学年制下的指令性管理向学分制下的指导性管理转变。

（四）构建大学生管理工作新体系是适应当代大学生个性特征的必然要求

当代大学生多为独生子女，因而对生活的体验和感受不同于以往的大学生，他们时代感强，责任意识较弱；自我认同感强，实践能力较弱；参与意识强，辨别能力较弱；主体意识强，团队意识较弱；个性特点强，承受能力较弱。这些特点使学生管理面临着前所未有的挑战：大学生全新的行为方式和理念与传统的学生管理体制必将产生冲突，如果不及时解决，就会使工作陷入被动。

（五）构建大学生管理工作新体系是解决高校学生管理工作现存问题的需要

高校学生管理工作现存的主要问题表现为以下三个方面。

1. 大学生管理工作理念落后

高校学生管理的对象是学生，是具有个体独立意识的人。长期以来，高校学生管理者充当长者的角色，采用行政化的方式，说教训导，削弱了学生的主体地位，强调整齐划一的管理，忽视学生个性的发展。强调制度之于学生的约束和规范作用，忽视了学生判断能力的培养，忽视了学生作为主体的人的存在。若把学生确实看作一个完整的生命体，以此审视目前的高校学生管理工作，不难发现一定意义上学生简单地被视为“容器”，被动地接受知识的灌输，被动地接受制度的规约。但是大学生的身心发展日渐成熟，渴望独立，渴望理解，如果将其单纯地看作无生命的“物”而忽视其自身的主动意识，就会出现适得其反的效果。

2. 大学生管理工作模式滞后

目前，我们沿用的仍然是传统的管理模式，改动不大。但是在新的形势下，高校学生管理的环境、对象都发生了很大的变化，原有的管理模式呈现出力不从心的疲态。现行学生工作运行体制是以班级为单位的，与学年制相适应。学生基层组织成员相对稳定，学生教育管理体制层次清楚。但是在学分制教学模式下，学生自主选专业、选任课教师、选上课时间、选修业年限，淡化了班级和年级概念，班级成员在时间与空间上具有一定的差异性、流动性、不稳定性。班级的职能也将随之被削弱，班集体的凝聚力也大大减弱。现行学生教育管理基层组织对学生的约束力和影响力下降，已不能达到有效的教育管理的目的，从而使现行的学生工作运行体制难以高效运行。

3. 高校学生管理工作队伍薄弱

随着高等教育大众化步伐的加快，在校学生人数猛增，高校准备不足，导致教室、宿舍、实验室、食堂、图书馆、活动场地等大量硬件设施无法及时配套，师资队伍也没有得到及时的补充，师生比悬殊。大众化进程对高校学生管理工作最大的挑战是辅导员队伍匮乏。具体来说，体现为以下两个方面：一是学生辅导员队伍数量严重不足；二是学生辅导员队伍质量参差不齐。要解决高校学生管理工作现存问题，迫切需要构建大学生管理工作新体系。

二、构建大学生管理工作新体系的重要性

（一）有利于促进高校学生管理科学化理论的发展

理论是行动的先导。构建大学生管理工作新体系，有利于进一步把学生管理上升到科学，探索和创新适合我国高校学生管理科学化实践的管理理论和内容，以促进高校学生管理科学化理论的发展。

（二）有利于高校学生管理走上制度化、规范化、现代化的轨道

构建大学生管理工作新体系，有利于深化学生管理体制的改革，建立健全学生管理机构，明确管理职责，科学制定学生管理制度，加强各项管理活动规范建设，使学生管理的各个环节有章可循；有利于降低学生管理政策的指令性，而增加其宏观调控性，突出管理理论的指导性，重视管理实践的差异性，避免管理行为的盲目性和随意性，使管理遵循规律，步入科学管理的轨道，推进学生管理的科学化实践进程。这样，就可以使高校学生管理走上

制度化、规范化、现代化的轨道。

（三）有利于提高各层次管理者的素质

学生管理队伍的素质水平，是实现科学化、现代化管理的关键。在大学生管理工作新体系构建的过程中，学生管理者需要加强科学化意识，主动依靠和利用现有的科学方法、现代化科学手段，提高学生管理的有效性。学生管理者必须学会应用科学的方法去分析问题、解决问题，不断地学习管理理论，认识和掌握学生管理的内在规律，掌握现代化管理手段，从经验主义的管理模式中解放出来。

（四）有利于促进学生管理水平的提高

高校学生管理的最终目的，是强化内部管理的运行机制，提高工作效率和效益，促进人才培养。在科学化体系的保证下，学校和学生双方均可以按照有序的活动方式进行，而且活动的双方可以充分有效地发挥其主观能动性，充分发挥学生管理的有效性，从而提高管理的效率和管理水平。

第二节　大学生管理工作新体系构建的思考

一个完整的大学生管理工作新体系应该是由思想体系、内容体系、组织运行体系、保障体系、考核评价体系五大子体系组成的多层次、多阶段、结构设计、多角度动态运转的体系。

一、大学生管理工作新体系的思想体系

（一）指导思想

在现代社会，以人为本、不断促进人的全面发展，已越来越成为经济社会改革发展的出发点和根本动力。同样地，作为一种深层次的高等教育管理发展理念，以人为本就是在坚持马克思主义的根本哲学立场的前提下，相信人、尊重人、依靠人、发展人、让人积极愉快地进行工作或学习，取得更好的教学效果，实现人的更大发展。这也成为高校大学生管理的理论基础。在开展具体工作时，高校应以大学生为本，把满足大学生健康成长、终身学习和全面发展的需要，把维护和保障学生的切身利益，作为学生工作的根本目的和出发点，以大学生全面发展为目标，解放思想、实事求是、与时俱进，贴近实际、贴近生活、贴近学生，努力提高管理的针对性、时效性和灵活性，培养德、智、体、美、劳全面发展的社会主义合格建设者和接班人。

（二）适应新形势，融入新理念

1. 追求卓越的理念

追求卓越是一种优秀的组织文化，它的精神核心是“追求效率，以事业为本”，它与“以人为本”相结合，更好地体现了管理文化内核向学生管理的良性渗透。具有追求卓越的精神，才能创造追求卓越的事业。

2. 民主与法制的理念

当前，在学生管理中，学生要求平等参与涉及自身利益的欲望越来越强烈，我们必须强化学生管理中的民主观念，彰显人文管理精神。因为现代大学生是一个具有较高素养的特殊社会群体，他们对事物有其独特的认知和判断能力，较少盲从，一般难以接受命令式的管理，更反感管理者用行政命令的方式来推动管理目标的实现。因此，人文管理应当成为高校学生管理的价值目的。这种管理是要在管理中将学生放到应有的主体地位，使管理工作不仅要做到“为了学生，尊重学生，理解学生”，还要做到“依赖学生，满足学生，发展学生”，并努力营造平等、民主的人际氛围。这种管理是要在管理中遵从参与和一体的原则，让学生在管理活动中参与选择，参与创造，参与管理，参与决策，参与共建，以增强学生的一体感，从而使管理者和被管理者心往一处想，力向一处使，为实现共同的目的而努力。

依法治校，体现在学生管理制度中，就是要加快推进学生管理的法治化进程，将学生管理全面纳入法治化管理的轨道，以充分尊重学生的人格和权利，客观、公正、全面地考核、评价学生，使学生管理顺畅、有序和谐。首先，高校在制定校纪校规时要注意体现和维护学生的正当利益，表达他们的意志；其次，高校要建立完善的利益表达制度，畅通信息交流的管道，让学生能够充分、有效地表达自己的合理见解，维护自身的正当利益，同时使学生与学生管理者增加沟通，有效提高管理的效率；最后，高校在学生管理工作中应坚持正当程序原则，通过正当程序控制管理过程，规范权力的运行秩序，使权力的行使符合法治精神的规范步骤和方式，避免管理运行的无序性、偶然性和随意性，保证管理行为的合法性和高效性。

3. 社区工作的理念

社区工作是专业社会工作的一种基本方法，一般来说，它是指在一定组织的领导和管理下，依靠社区力量，利用社区资源，强化社区功能，解决社区问题，促进社区政治、经济、文化、环境协调和健康发展，不断提高社区成员的生活水平和生活质量的过程。

社区工作具有以下几个理念特点：它是一种工作方法；它是一项有计划的行动；它的实现途径是鼓励社区成员自助、互助及自觉参与；它的基本目标是利用社区内外资源解决社区问题；它的高级目标是培养社区归属感，促进社区整合，促进社会转变。高校既具有一般社区的特点，又具有学校社区的特殊性。新形势下的学生工作，需要认清高校社区工作要素的特点，构建校园社区参与、互助、信任、成长的新局面。

4.“蓝海战略”的理念

“蓝海战略”是在2005年由W.钱.金和勒妮·莫博涅教授针对企业竞争共同提出的。它的提出为企业指出了一条通向未来增长的新路。它要求企业把视线从市场的供给一方转向需求一方，通过跨越现有竞争边界看市场及将不同市场的买方价值元素筛选与重新排序，重建市场和产业边界，开启巨大的潜在需求，继而摆脱“红海”——已知市场空间的血腥竞争，开创“蓝海”——新的市场空间。“蓝海战略”虽然是针对企业竞争提出来的，但这一理念也给了高校学生工作人员很大的启迪。近年来，随着高教事业的改革和发展，大学生有了很多新的需求，学生工作和其他工作交叉、渗透和融合更为广泛，同时面临着前所未有的压力和挑战。

“蓝海战略”告诉我们，面对用户不断增长的需求和企业之间的残酷竞争，企业要重建市场和产业边界，要给用户提供更有价值和周到的服务。作为高校学生工作，面对大学生更多的合理需求，应大力增加具体有效的服务和发展职能，真正体现对学生的关爱和成长帮扶，解放思想，开拓创新，在工作实践中采取“蓝海战略”的核心思想，由传统的思想政治教育和日常管理工作向集教育、管理、服务和发展于一体的工作领域转变，从大学生的评价体系、维权助困、心理健康、创业教育等方面寻求学生工作新领域，探索人才培养新思路。

（三）大学生管理工作新体系设计的目标

大学生管理工作应在服务广大学生的成才和全面发展上下功夫，要树立以学生为本的工作价值目标观；从学生的内在需要出发，面向每个学生，尊重、关心、教育、引导好每个学生，最大限度地满足每个学生成长成才的需要。帮助学生形成正确的需要层次和需要结构，引导学生把个人的成才目标与学校的教育目标统一起来。大学生管理工作的目标应包括以下四个方面的内容。

1.引导和规范学生日常行为

学校通过制定科学合理的管理条例和奖惩措施，规范学生在公共场所的举止，帮助他们养成谦让礼貌、团结互助的习惯，提高其行为的文明程度；通过制定并实施有关安全措施，提高学生自我保护和安全防范意识，规范学生在安全方面的行为，如不在宿舍内违章用电，不在条件不具备的地方进行娱乐活动等，以保证学生的财产安全和人身安全；通过规范学生在社会政治活动中的行为，引导学生树立正确坚定的政治立场。

2. 营造良好的学习和生活条件

高校通过建立学习制度，规范学生的学习过程和学习行为，保证正常的教育教学秩序顺利进行。建立多渠道的奖励机制和手段，对学生进行适时、适度的激励，可激发、调动学生各方面的积极性、主动性和创造性，最大限度地发挥其潜能。通过制定一系列资助措施，为学生提供一定的经济援助，帮助他们解决后顾之忧，促进他们完成学业。同时，高校利用团体管理的经验和优势，可采取一定的管理措施，降低学生的社会生活成本。

3. 培养和提升学生的法治意识

学校通过制定严格的限制性和处罚性制度，可以有效地抑制、约束学生的不良行为，也有助于培养学生的法治意识，为他们成长为合格的社会公民奠定良好的基础。

4. 提高学生自我管理能力

通过引导、组织和督促学生及学生组织实现有关管理目标，为学生提供自我锻炼机会，有利于学生的全面成长。实践证明，科学、合理、符合学生特点的管理制度和细致入微的管理教育，可以调动学生自觉参与管理的积极性，从而达到提高学生自我管理能力的目的。

（四）大学生管理工作的原则

1. 管教结合原则

教育是目的，管理是手段，教育必须与管理相结合，这是教育学最基本的原则。对学生进行教育，并达到一定的教育效果，这是学生工作的出发点，也是学生工作的落脚点。而且教育活动必须要通过各种制度组织、纪律保障实施来达成目标。例如，学生违反了校规，就要根据情节给予处理。不严格管理，教育无法进行。要在加强管理的过程中，通过生动具体的事例和好坏典型，使学生受到教育。

2. 学生“自我教育与管理”原则

唯物辩证法认为，外因是事物变化的条件，内因是事物变化的根据，外因通过内因而起作用。培养高素质的人才不仅要依赖学生管理者的教育管理活动，更要通过学生思想的矛盾运动来取得良好的教育效果。这就要求学生管理中必须充分培养学生“自我教育、自我管理”的能力，培养学生独立思考能力，引导学生通过自己的思想和实践去把握真理，提高觉悟改造世界观。

3. 综合管理原则

综合管理就是要通过民主管理、协作管理、制度管理三个方面，实现学生管理的目标。民主管理在学生管理中必不可少，因为学生管理的对象是具有相对独立的社会属性的高智商的大学生。民主管理就是要让学生广开言路，敞开思想，采取疏导而不是强制的、压服的和单纯行政命令的办法；要善于激发学生的参与意识，让他们成为管理的主体。协作管理是指现代科学管理，就是既要有合理分工，也要有严密有效的合作。学生管理部门是学生管理职能的主要承担者，但并不是唯一的承担者：相反，其他部门也要广泛参与，加强教育影响的一致性。即由学生管理部门主要承担，其他部门相互协作，形成“分工协作，齐抓共管”的良好局面，在“教育、管理、服务”各个方面共同实现育人目的。制度管理是指学生作为社会人，应遵守国家法律、法规，应遵守校纪校规，因此要利用健全的法律、法规、校规、校纪来约束并管理学生。在制度管理中应注重制度的合理性和可行性，制度的制定不仅要切合学生的实际情况，而且要能够保证制度的有效实施。

二、大学生管理工作新体系的内容体系

大学生管理的内容体系主要包括大学生日常思想政治管理、大学生日常行为管理和大学生日常事务管理三个部分。

（一）大学生日常思想政治管理

大学生日常思想政治管理主要是指学校管理部门根据大学生的成长成才的需要，通过一定的工作机制和程序，有计划、有步骤地开展各种学生党团组织活动，对大学生的是非观念、人生态度和政治倾向进行引导的过程。例如，通过举办党团培训班，培养和选拔学生干部、吸收先进青年加入党团组织等。

（二）大学生日常行为管理

大学生日常行为管理是指通过制定相应的规章制度，对学生个体和群体的行为进行引导和调整，以保证教育实施过程能正常顺利实现的过程。通常表现为对学生严格遵守法纪校规、好人好事、见义勇为等积极行为进行肯定和鼓励，对打架斗殴、旷课、酗酒、赌博等不文明、不健康的消极行为进行否定和惩处。

（三）大学生日常事务管理

大学生日常事务管理是指学校承担的与学生有关的非学术性的或课堂外

的工作，它是大学生管理工作的重要组成部分。它包括大学生学习、生活和其他方面的管理，如奖助学金的评定与发放、荣誉称号的申请、入学（或离校）手续的办理、学生社区建设管理、财政援助管理和特殊学生的管理等多方面的内容。

大学生日常事务管理是专门化程度较高的专项工作，它在很大程度上体现出一所大学的办学理念和办学水平。尤其是随着我国高等教育改革的不断深入，高校招生规模不断扩大，收费制度、就业制度逐渐社会化、市场化，学生的主体地位进一步凸显，主体意识、权利意识进一步增强，个性化需求日益增多，各种新问题不断增加，给大学生日常事务管理提出了新的要求。

1. 大学生日常事务处理的规范化

高校要认真贯彻国家相关高等教育法律法规，严格执行《普通高等学校学生管理规定》，按照“规范、科学、高效”的要求，努力提高学生事务的处理能力，处理各种学生事务及时、规范；进一步建立健全学生突发事件的处理机制，切实做好学生安全与思想稳定工作；重视学生管理的过细工作，建立学生信息沟通和反馈机制，及时掌握学生的思想动态，对学生群体性思想情绪有预判并及时引导、转变。

2. 大学生日常事务管理机构的专门化

高校要成立大学生事务管理中心，建立和完善相关的工作机构和工作职能，把服务学生作为首要任务，树立管理也是为了更好地服务的思想。

3. 大学生事务管理者的专业化、专家化

尽快建立起一支以职业型、专家型为主的学生事务管理工作队伍，确保大学生事务管理工作走上正确轨道。要像关心和培养教学和科研队伍那样注重学生管理者实际业务水平和学历层次的提高，加强学生工作者教育学、心理学和精神病学等方面的系统化、专业化培训，加强职业道德建设，使广大学生事务管理工作者不仅能够热爱学生工作，而且能够把学生工作当作自己终生的事业来做，走上职业化、专家化的道路。

三、大学生管理工作新体系的组织运行体系

大学生管理工作新体系的组织运行体系包含组织构建和运行机制两个部分。

（一）组织构建

组织构建要突出机构建设和队伍建设两个重点。

（1）配备齐全、工作得力的学生工作机构是大学生管理工作必需的组织基础

一直以来，各校甚至各院系的学生工作机构采取了不同的设置模式，大体可以分为党委学生工作委员会、学生工作部（学生处）、学生工作办公室等几种。

无论哪种机构模式，都必须满足思想政治教育的需要，应达到一些基本的标准和条件。第一，必须具有明确的组织分工，成为院系实施人才培养计划和执行党政相关决议的专门机构；第二，为体现学生工作的重要地位，应安排独立行使职责的院系级领导（一般为党委副书记）担任机构的负责人；第三，应安排专门从事学生工作的职业工作人员和相对独立、固定、经常的工作场所；第四，能够整合院系的内设部门工作力量，与教务、行政等系统有效合作；第五，能够有效领导和协调各工作人员、基层学生组织顺利开展工作。

因此，在高等教育大众化阶段，高校学生规模快速增长，实施层级管理，健全和完善校、院（系）两级管理，以院（系）为主体的管理体制，成为众多高校的必然选择。首先，成立以主管校领导为首的大学生管理工作领导小组，负责对学生管理工作的决策和统筹部署；其次，设立学生工作部（学生处）作为学生工作的职能部门，负责牵头落实领导小组的各种决议、决定，协调教务、行政等部门对学生进行共同管理和指导、督促二级院系学生管理工作；最后，设立学生工作办公室（各二级院系），负责协调本部门各年级、班级学生事务管理（通过辅导员），将学校的各种精神、政策和决议传达到学生中。

由此可见，大学生管理工作组织体系由管理者、教师（辅导员）、学生和各管理机构组成，包括党团组织、学生会、班委会、学生管理部门、学生申诉部门等。

（2）以辅导员为重点的学生工作队伍的建设是大学生管理工作必需的组织保障

大学生管理工作需要配备足够数量的具有较高水平的班主任、辅导员及具有较强责任感的学生导师。相比而言，当前问题最突出的是辅导员队伍建设。我们必须认识到，中国高校思想政治教育的特殊要求、绝大多数学生住在校园之内的状况及基础教育阶段学生独立生活能力培养不足的现实，都决定了高校还必须在一定时期内坚持设置辅导员的做法。从全国范围来看，由于历史的原因和各校的不同特点，辅导员队伍建设状况目前差别很大。就客观工作效果而言，辅导员队伍建设得怎么样，与该单位学生工作的效果直接相关。凡是辅导员作用发挥得好的学校，其学生工作的效果也就好。根据新

时期的形势要求，中央16号文件和教育部的配套文件规定高等学校每200名学生应配备一名专职辅导员，这个规定是非常及时的。它不仅确定了安排辅导员的原则态度，而且提出了辅导员的设置标准，对大学生管理工作具有重要的指导意义。

辅导员队伍建设中应逐步完善以下几个方面的工作：一是进一步提高对辅导员工作的认识，要站在构建和完善育人体系的高度认识辅导员的地位和作用，把抓辅导员工作和抓专业教师工作一样对待；二是明确辅导员的工作职责，特别是必须明确辅导员与班主任、导师、学生工作机构的关系，这是理顺工作机制、确保各工作环节有效运转的需要；三是对辅导员进行专业培训，使辅导员的工作满足现实需要、符合管理规范并能够体现现代学生工作的理念及方法：四是科学建立辅导员队伍的考评机制，制定有利的发展政策，使从事辅导员工作的同志有事业心和光荣感，使这支队伍留得住、用得好；五是将专职负责学生工作的院系党委副书记和团委书记从事务性工作中“解放”出来，从而更好地做好辅导员的工作。

（二）运行机制

（1）建立校、院两级管理、以院为主、以社区（宿舍）为阵地、以学生社团组织为载体、以学区为基层组织的学生教育管理运行体制

随着学分制教育模式和弹性学制的实行，以及高校后勤社会化改革的不断深入，学生公寓将成为育人的重要阵地，形成以区、楼、层、室为单位的学生宿舍区新载体和平台。在这种情况下，实行集教育、管理、服务于一体的工作体系成为重组学生基层组织的突破口。因此，我们认为，高校应成立大学生生活园区或社区学生工作委员会，对入住生活园区的学生按单元或楼层组建学区，在学区中建立党团组织，学生辅导员按学区、学院配备，从而使学区成为成员相对稳定、组织相对健全、学生工作人员配备到位、具备履行行政管理及思想教育职能的学生工作基层组织，使生活园区成为学生思想教育的载体、日常管理的切入点和社团活动的基地，以此提高大学生生活园区的育人功能，从而构建校、院两级管理、以院为主、以社区为阵地、以学区为基层组织的学生管理工作运行机制。

学生处按照学校制订的思想教育计划，组织各社区实施学生思想教育工作，与分团委、团总支等配合开展校园文化、心理健康教育、学风建设、道德建设等活动，与有关部门或学院配合开展思想品德实践教育和心理咨询。建立社区或学区或某一模块的区域管理模式，有其较多优点：

第一，权责明确，运作畅通，学生教育管理明显加强。实行模块（又叫

平台、区域）管理，建立了比较完整且相对独立的学生工作体系，比较彻底地解决了在学生教育管理过程中出现的“多层皮”或“找不到抓手”的问题。在以往的学生管理体制下，学生工作隶属于院系，但由于各院系担任繁重的教学科研工作，主要领导很难顾及学生工作。实行模块或社区管理方式后，学生工作系统目标明确，任务明确，责任明确，管理路径直接。学生工作干部相对集中配备，专心致志从事学生工作，从而有力地加强了学生的教育与管理，较大幅地提高了学生工作的实效性。

第二，建章立制，强化管理，突出和完善服务，不断提高学生教育管理工作的层次和水平。学生模块或社区管理从制定规范的、合理的、操作性强的健全制度入手，按照规范化、系统化、科学化的要求，根据模块或社区管理的形式、特点，收集、整理、修订规章制度，向学生公布。由于模块或社区具有共同性的特点，因此可以统一规范、统一要求。

（2）实行班主任制和导师制相结合的引导机制

当代大学生从个体来讲，独立性和自主性的特点体现得越来越突出，在这种情况下，作为高校的学生管理工作，就必须有足够的管理人员，采取定额、定人管理教育和服务。这样做在对学生的了解程度上及如何对一名学生开展工作和工作的实效性方面有重要作用。即在大学低年级仍实行班主任（或年级主任，或辅导员）负责制，并配备一定数量、由学生党员干部担任的助理班主任；在大学高年级设立导师制，由导师负责学生选课、专业学习、科研能力、就业等方面的指导。每个导师负责带 5~10 名学生，也可由几名导师组成一个小组共同指导相应数量的学生。

（3）构建畅通的沟通回应机制

学生工作管理中一个重要的环节是对管理过程中落实的情况和结果信息进行正确有效的反馈。

大学生管理中建立有效的沟通回应机制是依法治校条件下尊重和满足学生权利的需要，也是现代大学决策科学化、民主化的重要保障手段。收听不同的声音，及时化解和处理实施中的冲突，实现双向互动，必须要健全和完善沟通和回应机制。在具体的改进方法上，既要继续发扬传统形式中的标语、公告栏、校园广播的作用，也要做好学生信息全校学生分级化共享管理平台，探索校园移动通信的短信群发功能，校园设立学生公用信息查询系统，建立办公及申报审批的程序制、重大和面大事件的公示制、事务管理中的承诺制和责任制，加强学生工作及全校部门信息的一体化建设，构建畅通的沟通回应机制。

四、大学生管理工作新体系的服务保障体系

服务保障体系突出心理辅导和突发事件预防两个重点。

（1）加强高校学生管理工作必须充分发挥心理辅导的作用，不断提高学生的心理素质，培养健康的个性心理品质、较强的心理调适能力和适应社会能力，从而帮助学生实现健康和谐的发展。建立并完善学校、学院、学生“三位一体”的三级工作体制。一是学校成立大学生心理健康教育中心，主要开展心理健康普查、建立心理健康档案，负责开设心理健康教育系列选修课、心理咨询门诊、开展团体心理训练等。二是在各个学院建立院级心理辅导站，主要解决学生发展过程中遇到的心理困扰问题，起到承上启下、衔接沟通、强化教育效果的作用。三是在学生中成立大学生心理卫生协会，加强对心理健康知识的宣传，提高学生心理健康知识水平和心理健康自助能力，充分发挥学生自我教育、自我宣传的作用。“三位一体”的工作体制有助于充分调动教师特别是学生工作干部参与学生心理健康教育工作的积极性，从不同层次、不同侧面去解决学生可能遇到的心理困惑和问题。同时，加大了工作力度，扩大了工作受益面，提高了工作效率，完善了心理危机的预警机制，增强了危机干预力度。

（2）建立预防突发事件的长效机制是学生管理工作应该重视的三项基本工作。处理安全稳定事件主要包括预防和处理两个方面，预防的目的是阻止事件发生，而处理是要使发生的事件能够被控制、解决，把影响、损失降到最低程度。预防比处理要积极、主动，学生工作中要更加强调预防。当前的工作重点应是推行安全、稳定工作的长效机制建设，即将其纳入规范化的管理渠道实行预案管理，总结出带有多发性质的突发事件的类型和处理事件的一般原则及相应的特殊需要，进行组织建设和制度建设，明确工作规范，建立维护安全和稳定的长效机制。这是现代管理的要求，也是做好学生工作、保证学生健康成长和顺利成才的需要。

五、大学生管理工作新体系的考核评价体系

大学生管理工作评价是指对管理工作的效果做全面检验和鉴定。它是学生管理工作体系的重要组成部分和基本工作环节，其作用在于能够让学校和有关职能部门全面了解和掌握各院（系）学生管理工作的状况和水平，总结学生管理工作的经验，探索学生管理工作的内在规律，加强对院（系）学生工作指导，使学生管理工作进一步向科学化、规范化、制度化发展，不断提高学生管理工作水平。

科学合理的考核评价体系，应包括以下三个方面的内容。

（一）考核评价的指标体系

依据高校学生工作的目标和构建高校学生工作评价体系的基本原则，学生管理工作评价指标体系一般可由日常事务管理工作、文明行为管理、学生宿舍管理和学籍及违纪管理四个一级指标组成。每个一级指标又可分为多个二级指标，每个二级指标又可设置多个观测点，使其涵盖学生管理工作的方方面面，以便具体考核评价。

（二）考核评价的结果体系

考核评价结果是对各项指标完成情况及效果的评定，可分为优、良、一般、较差和差五个等级，每个等级均有相对应的标准。

①优：能圆满完成各项观测指标，各个观测点反馈的信息都能与预期计划相一致，特色工作明显。

②良：能较好完成各项观测指标，各个观测点反馈的信息都能与预期计划大体上一致，特色不太明显。

③一般：基本能完成一级观测指标，二级指标落实效果一般，各观测点反馈的信息都能与预期计划基本一致，无特色。

④较差：一级指标、二级指标均只能完成小部分，各观测点反馈的信息都不能与预期计划相匹配。

⑤差：各项指标均不能完成。

（三）考核评价的激励体系

激励既包括激发、鼓励以利益来诱导之意，也包括约束和归化之意。它包括正激励和负激励即激发和约束两个方面的含义，其中奖励和惩罚是两种最基本的激励措施。因此，我们在对学生管理工作进行评价的基础上，应辅之以相应的激励，使各层学生管理机构、组织及相关人员的积极性得以充分调动和激发，促进管理目标又好又快地实现。

激励的种类通常包括薪酬激励、事业激励、机会激励和文化激励四种。薪酬激励是指通过金钱财富来满足人们的需要，从而达到激发内在动力的目的；事业激励是指通过提供更多的个人发展空间和机会来激励人们；机会激励是指通过工作行为本身使人们在一定程度内得到满足，产生一定的激励作用，如从事自己感兴趣的工作，这一“行为”本身就具有较强的激励作用；文化激励是指通过文化的熏陶和渗透会引发人们更高层次的心理满足，产生一定的激励作用。

第三节 大学生管理工作新体系构建的实践

一、搭建学生自我管理平台，增强学生管理工作的渗透力

21 世纪是一个知识和信息高速发展的时代，只有具有开拓创新和独立自主素质的人才，才能在竞争中立于不败之地。要培养出具有开拓创新和独立自主素质的人才，就必须重视培养学生的主体性。要在学生管理工作中，通过开展学生自我管理活动，增强学生的主体意识和主体自我控制能力，培养和提高学生在教育活动中的能动性、自主性和创造性，使他们具有自我教育、自我管理和自我完善的能力，从而成为教育活动的主体和自我发展的主体。

（一）构建以学生会、社团为主体的自我管理模式

以校学生会为龙头，以学生干部为中坚力量，组建各院系学生会、各个部门多职能的自我管理模式。学生会是学生自我管理的最高组织，学生会干部是学生进行自我管理的主体。在学生管理体系的建设中，我们可以增加一些部门，赋予一些部门新的工作内涵，扩大学生的覆盖面，使其深入学生日常的各项自我管理中。以校级骨干社团为“旗舰”，构建院系分会、年级分会多层次多门类的社团“航母”编队自我管理模式。有目的、有计划地建设一批以理论学习型社团为龙头，以科技创新型、文化艺术型、社会公益型社团为主体的校级骨干社团，如邓小平理论和“三个代表”重要思想研究会、青年志愿者协会、学生科技协会、学生艺术团、学生心理健康协会、自强社等，并以这些校级社团为“旗舰”，通过建立学院分会、年级分会，形成门类齐全、种类多样的学生社团“航母”编队。让所有学生根据自己的兴趣爱好、个性目标、发展需要参加到社团中，进行知识学习、研究创新、人际交流、自我激励。

（二）构建以学生社区为主体的自我管理模式

在学校大学生社区自我管理委员会的基础上，形成寝室、楼层、公寓、社区、党支部、服务队多位一体的社区自我管理模式。每个学生寝室设寝室长，每层楼设层长，每幢楼设楼长，每个社区设区长，与公寓学生社区党支部设置相结合，组建直接面向公寓开展活动的学生社团组织——特色服务队。在公寓区逐步建立各类文化、咨询、服务机构，以开展卫生和文化为基础、咨询和辅导为重点，开展“和谐楼栋”“和谐之家”“百优寝室”创建活动，

面向学生提供生活、心理、卫生、学习等各类服务，把思想政治工作与帮助学生排忧解难结合起来，开展以公寓为基地的自我管理活动。

（三）构建以党团组织为主体的自我管理模式

以班级、学生宿舍和网络为阵地，以党支部、团支部为学生基层组织，实行校、院系、级队三级管理的运行模式。通过塑造点（个体）、线（基层党、团支部）、面（整体）的形象并进行整合，贴近学生、贴近实际、贴近生活。开展党员形象工程，在师生中叫响“树一面旗帜、建一个阵地、办一些实事、献一片爱心、带一批同学”的口号。建立学生社区党支部、网络党支部，把为学生服务从课堂内拓展到学生生活的社区和网络中。依托党团组织，以党建带团建，充分发挥学生党员的模范带头和辐射作用，利用主题党日、团日活动的组织形式，对学生开展树立正确的世界观、人生观、价值观教育。

（四）构建以网络虚拟社区为主体的自我管理模式

以学校BBS、各院系网站、特色网站为平台，构建大学生网络虚拟社区自我管理模式。把BBS和各种网站作为先进文化传播的重要网络教育载体，通过学生自行开发、自我管理及自我教育，提高网络思想政治教育的针对性和有效性。建立心理咨询网站、理论学习网站、职业生涯规划网站等，成立网络文明协会、网络信息协会，制定《虚拟社区管理条例》，建立例会制度、培训制度、奖惩制度等，充分调动学生干部、协会成员和网管的积极性，发挥引领作用，培养大学生创新和实践能力，增强大学生的参与意识。提倡文明网络道德，弘扬主旋律，架起学生与学生、学生与教师、教师与教师、学校与社会之间的沟通桥梁，发挥主体作用，完善自我管理网络体系。

二、搭建法治保障平台，构建和谐的育人环境

高校要转变观念，树立法治精神和维权意识，真正做到依法治校，注意尊重和保护学生权利。

（一）大力加强大学生的法律意识教育，使它贯穿于大学生的整个学习阶段

这不仅仅是为了提高大学生遵守校规校纪的自觉意识，方便学生工作者对大学生在校期间的管理，其更深远的意义在于大学生法律意识的增强，有利于他们在校期间对高校依法办学的监督，从而推动高校依法办学的进程，为大学生打下牢固的法律基础，养成良好的学法、守法和执法习惯，为他们毕业后步入社会发挥引导和示范作用、推进整个社会法治化建设进程创造条

件。高校学生管理工作者必须学法、懂法，重视强化自身的法治观念，增强法律意识。无论日常的教育、管理和服务，还是处理学生违纪问题，都依法行政，依法育人，提高处理法律问题的能力，真正把教育、管理学生与维护学生的正当权益结合起来，既严格教育、管理学生，又尊重和平等地对待学生，依法保护学生的合法权益。尊重和维护学生的权利，对高校管理行为进行必要的限制。

（二）依法修订完善高校有关学生管理的规章制度

高校在修订完善学生管理规章制度时，应当以法律法规为基础和主要依据，同时兼顾到大学生作为国家公民应当享有宪法赋予的其他权利。在修订完善已有的规章和条例时，既继承和巩固过去行之有效的优良传统，保持有关学生管理规章制度具有相对连续性、稳定性和一致性，也要为今后的发展创造良好的法律环境，充分保护高校、学生的合法权益，真正体现法律的权威性。此外，国家的有关法律法规大多数是原则性条款，需要校方在执行中细化，而细化的原则既要考虑高校管理学生的需要，又要不违反国家法律赋予公民的权利。因此，高校在细化的过程中不能超越法律法规的授权范围而“随心所欲”，随意剥夺学生依法享有的权利或人为增加学生应履行的义务。同时，各项规章制度的出台应遵循一定的民主程序，广泛吸纳各方面的代表参与讨论，通过一定阶段的试运行再进行完善修改，进而正式施行并告知全体学生（如公告、写入学生手册等）。

（三）规范学生违纪处理程序

对违纪学生的处理不仅要实体上合法，而且要程序上合法，使惩戒权的行使遵循符合法治精神的规范步骤和方式，避免工作运行中的无序性、随意性和偶然性。（1）处分前程序：应加大宣传力度，使学生熟知有关规章制度，真正使遵纪守法的观念深入人心。（2）处分中程序：学校在对违纪学生做出处分决定之前，应通过口头或书面的形式告知学生对其的“指控”事实，听取学生的陈述、申辩和质疑。申辩的内容是提出自己无违纪行为或行为未达到违规的程度，或应当减轻处分的理由；质疑是指对相关规范引用的合法合理性和证据的真实性提出疑问。无论申辩或质疑，都应保留书面记录。处分决定以学校名义出具文本，内容包括违纪事实、处分依据和处分决定，并送达被处分学生，同时告知被处分学生申诉的权利和时效，并请被处分学生签收以作为送达的证据。如果没有实际送达并告知处理决定，则处分视为无效。（3）处分后救济：学校成立由学校负责人、教师代表和学生代表组成的学生申诉处理委员会，专门受理学生对处理处分决定不服而提出的申诉，并制定学生申诉处理办法。学生申诉处理委员会要认真对待学生提出的申诉，在规定期限内做出复议，并将结果告知被处分学生；如果要改变原处理决定，必须提请学校重新研究；受处分学生如果对复议结果不服，可以向学校的上级主管行政机关提起申诉。

三、搭建困难资助平台，让阳光铺满成长路

“奖、贷、勤、补、减、免”是大学生经费管理中的重要内容。随着近年来贷款比例的增加，相当数量的家庭经济困难学生通过贷款解决了个人的学费和生活费问题，学校增设的勤工俭学岗位又帮助他们解决了生活费用的不足。近年来随着国家对教育投资的增加，学生奖学金提高比例增速很快。以2007年为例，国家对高校投入了180多亿元的国家奖学金和助学金，加上部分学校有企业设立的社会奖学金和校内的奖学金，在校40%的学生可以通过自己的努力得到奖励，形成了对学生较大的资助和补充力量。大量学习优秀的学生得到了激励，贫困家庭学生得到了国家的资助，确保了不让每个学生因为家庭贫困而输在起跑线上。学生的参与意识、竞争意识、自强意识和求学意识都得到了加强。但是如何将有关经费科学、合理地奖励和资助到学生身上，最大限度地发挥其激励作用，体现了一个大学的管理思想和水平。

（一）完善贫困生助学体制

从实际需要出发，采取有效措施，不断完善资助体系，从物质上解决贫困生的基本生活问题。这也是解决贫困生心理问题的基础和前提。高校要不断完善“奖、贷、助、补、减、免、缓”等助困制度和措施，在竞争机制的框架下进一步扩大对贫困生的奖学金覆盖面，加大奖学金力度；探索设立专门用于奖励优秀贫困生的奖学金，使其通过勤奋学习获取除国家、市政府资助外较高额度的奖学金。积极争取社会多方面的支持，建立各种“爱心基金”，设立多种专项奖助学基金和建立定向委培制度。在充分发挥政府和学校主渠道作用的同时，动员社会团体和个人捐款资助贫困生，开展对贫困生的“一帮一”活动。积极推行学分制、学历浮动制，减轻贫困生的学业负担。允许一部分优秀学生提前毕业。动员社会各界力量，提供更多的勤工俭学岗位。

（二）加强思想政治教育，帮助贫困生树立正确的世界观、人生观和价值观

从培养社会主义的建设者和接班人的高度，重视贫困大学生的思想政治教育。充分发挥基层党、团组织和学生社团、辅导员、班主任、任课老师、学生干部等的作用，结合当前贫困生的思想实际，认真分析其价值取向、思

维方式和心理性格特征，以及由此带来的种种不同行为表现，通过专题讲座、个别谈话、座谈讨论、典型案例教育、演讲辩论赛、主题活动、班级社团活动、家访等切实有效的措施，帮助、引导贫困生树立正确的世界观、人生观和价值观。以理想信念教育为核心，加强爱国主义、集体主义、社会主义教育，教育他们虽然身处逆境，但是要树立远大理想和人生目标，引导他们以积极进取、乐观向上的态度去对待人生，勇敢地面对挑战。加强艰苦奋斗的优良传统教育，引导他们正确消费，倡导勤俭节约的良好风气，自觉抵制拜金主义的影响。加强赏识教育，通过树立和宣传逆境成才的典型来激励贫困生，帮助其树立信心。加强责任意识教育，激发他们的热情和勇气，学好本领，坚定报效祖国的信心和决心。加强自立自强教育，转变贫困生思想观念，克服依赖心理和不劳而获的思想，鼓励贫困生积极走向社会、积极参加勤工助学活动，参与实践，自主创业，运用自己的知识和能力，走自食其力的道路。加强战胜挫折教育，引导他们与挫折抗争，培养耐挫折能力。帮助贫困生学会自我接纳，接纳现实，接纳自己，以平常的心态面对贫困，采取积极的办法解决生活中的困难。

四、搭建文化育人平台，建设和谐高雅的校园文化

高等学校校园文化是社会主义文化的重要体现。加强校园文化建设对于推进高等教育改革发展、加强和改进大学生思想政治教育、全面提高大学生综合素质，具有十分重要的意义。在文化多元化的社会背景下，我们既要承认和尊重文化多元化的存在，又要在不断融合的文化中寻找契合点，建设和谐高雅的校园文化，进一步优化学生管理工作的氛围。

（一）打造文化精品，创建校园名牌

第一，深入开展校风建设。在充分挖掘学校历史传统宝贵资源的基础上，结合学校发展战略和规划，根据学校办学思想和理念，大力营造崇尚科学、严谨求实、善于创造、具有时代特征和学校特色的良好校园风气。扎实开展师德教育，制定完善师德规范，严格师德管理，加强教师思想品德和学术道德教育，宣传师德建设先进典型，积极建设“志存高远、爱国敬业，为人师表、教书育人，严谨笃学、与时俱进”的优良教风。制定完善大学生行为规范，严格管理特别是严格考试纪律管理，营造良好的学习氛围，努力形成勤于学习、奋发向上、诚实守信、敢于创新的良好学风。通过校风建设，在校园树立热爱祖国、决心为建设中国特色社会主义贡献自己全部力量的共同理想和坚定信念，培育自强不息、不怕任何艰难险阻、勇往直前的共同意志和

奋斗精神，形成与时俱进、昂扬向上、勇于创新的共同追求和开拓意识。第二，大力加强人文素质和科学精神教育。继续实施“大学生全面素质教育工程”，把人文素质和科学精神教育融入高等学校人才培养的全过程，落实到教育教学的各环节。

（二）鲜明主题活动，鼓励科技创新

一是精心设计和组织开展内容丰富、形式新颖、吸引力强的思想政治、学术科技、文娱体育等校园文化活动，把德育、智育、体育、美育渗透到校园文化活动中，使大学生在活动参与中受到潜移默化的影响，思想感情得到熏陶，精神生活得到充实，道德境界得到升华。充分利用“五四”青年节、“七一”建党纪念日、“十一”国庆节、“一二·九”运动纪念日等重大节庆日和纪念日，开展主题教育活动，唱响爱国主义、集体主义、社会主义主旋律，让大学生在建设营造高品位的文化氛围中主动思考、理解、感悟，升华人格，完善自我。二是重视学生创新精神和创业能力的培养。全面实施“大学生素质拓展计划”，办好大学生科技文化节、大学生“挑战杯”、大学生艺术节、大学生运动会，深入开展大学生社会实践活动，设立大学生科技创新奖励基金，选择有发展潜力和应用前景的项目进行立项，在资金支持、项目指导、成果评选等方面予以重点扶持。

（三）加强基本设施，提供坚实保障

一是重视校园人文环境建设。确定校训、校歌、校徽、校标，提倡大学生牢记校训、学唱校歌、佩戴校徽、使用校标，激励大学生热爱学校、刻苦学习。发挥优秀校友在校园文化建设中的独特作用，采取请进来、走出去的方式，用优秀校友的人生经历和感悟、创业历程和成就，激励大学生立志成才，报效祖国。精心设计、认真组织好开学典礼、毕业典礼、奖学金颁发仪式等具有特殊教育意义的活动，倡导学校领导为每位毕业生或毕业生代表颁发毕业证书和学位证书，激励大学生勤奋向上、求实创新。二是重视校内文化设施建设。按照有关规定，建设、设计好教学场所、图书馆，完善教学设施，优化学习环境，不断满足大学生学习成才的需要。规划、建设好大学生文艺、体育、科技活动场所，完善校园文化活动设施，为开展校园文化活动提供必要的场地和条件。加强校报、校刊、校内广播电视、校园网、学校出版社、宣传橱窗等的建设，发挥宣传舆论阵地在校园文化建设中的更大作用。三是重视校园治安综合治理工作。进一步建立健全责任制，加强高等学校内部安全管理和安全保卫工作，及时处理侵害大学生合法权益、身心健康的事件和影响学校、社会稳定的事端。积极配合公安、司法、文化、工商等部门对学校周边的文化、娱乐、商业经营活动开展专项整治工作，维护学校正常的教学、工作、生活秩序。

五、建设专业化、职业化、专家化的学生管理工作队伍

（一）进一步完善辅导员队伍选聘机制

紧紧抓住“高进、严管、精育、优出”四个关键环节，严格选聘标准和选聘程序。严把质量关，把德才兼备、乐于奉献、勤于创造、热爱大学生思想政治教育事业的优秀人才选聘到辅导员队伍中，从源头上保证辅导员队伍的质量。辅导员的配备应坚持以专职为主、专兼结合的原则。要严格按照生师比不低于 200∶1 的比例设置本专科生专职辅导员岗位，保证每个院（系）的每个年级都有一定数量的专职辅导员。

（二）不断加强辅导员队伍的培养机制

着力提高辅导员的职业能力。推行“先培训、后上岗”的准入制，坚持岗前培训、日常培训和骨干培训相结合。辅导员的培训工作坚持日常培训和专题培训相结合、中长期学习与短期培训相结合、学历教育与在职培训相结合，逐步建立分层次、分类别、多渠道、多形式、重实效的培训格局。

（三）明确职责，强化考核，进一步健全辅导员队伍管理制度

按照教育部《普通高等学校辅导员队伍建设规定》，进一步明确辅导员工作职责、工作目标和具体工作要求，使辅导员工作有遵循，干事有方向。建立健全管理评价机制，并将考评结果与职务聘任、津贴发放、各类评比挂钩，对工作不称职的要及时调离工作岗位。通过规范化、科学化、制度化的考评，实现对辅导员队伍的严格要求，严格管理，建立能进能出、竞争择优、充满活力的用人机制。

第四章　高校教育信息化管理研究

第一节　高校教育管理信息化创新面临的挑战

一、教育管理信息缺乏实证性

当今信息技术带来十分容易得到的信息量，使许多人不再热衷于调查。一些管理者为图便捷忽视实际调查的同时，直接从互联网上下载其他机构的规章制度，这在教育管理规章制度施行中很常见。在有限的信息技术知识只供给我们有关“何时”“何地”“何事”的“硬性信息”的条件下，如果只考虑结果，却不能给我们带来思索和处理问题的方法，这是不够的。如果信息技术没办法与现实相呼应，只能是生硬的、无活力的应用。所以，在现代信息技术的支持下，信息和实践相结合是教育管理中必须特别注意的问题。

二、信息安全与保密是教育管理信息中的重大问题

教师、学生、课程、学籍、教材、教学、教学网站之类的信息等组成了教育管理信息。在现代信息技术的依托下，特别在于教育管理中的信息系统，因其能开放和互动，在复杂的程序下，信息和教育管理系统自身的弱点和疏漏使信息极其可能被随意取出，复制和拦截的问题在存储和传输过程中十分常见，导致信息泄露，有安全隐患。虽然建立了访问，具有一定的权限，但有一些机密信息将被窃取或篡改（如黑客）。如其他电脑程序一样，计算机病毒的攻击也会对教育管理系统造成严重的破坏，如果系统瘫痪，学校范围内的教学将难以进行，由此带来的损失将是巨大的。

三、教育管理信息的零散及不对称问题

信息时代的进步给人类带来太多的信息，但是这也是一个阻碍。文化的浓缩是电子媒体带来的特色功能，然而随之而来的文化的碎片化是人们的一

种障碍。如今在单位时间内人们得到信息很容易，这是由于信息技术日益发达的传递和处理带来的。教育管理人员拥有如此繁杂的信息，在选择时很可能错乱，特别是令人模糊的内容出现时，像是各种混淆视听的信息，这样就使判断产生困难，管理或决策也容易有很大的问题。由此，信息在传播时也导致了新的信息匮乏。

信息不对称理论是由诺贝尔经济学奖获得者詹姆斯·莫里斯（James Mirleees）和威廉·维克瑞（William Vichery）在 1996 年提出的，主要是由于参与者对信息的了解和掌握有差异，双方拥有的信息不对等，由此在经济活动中，就出现了不对称信息下的交易关系和契约安排的经济理论。信息不对称理论最早产生于经济学领域，但近年来其提供的有新意的视角被用于教育领域。

在信息时期背景下，高校这个整体在和学生、教师之间、师生之间及教师相互作用中的内在关系，也存在着信息不对称的表象，尤其是基于教育管理现象中的信息不对称。教学和管理中信息化在学生和教师两个方面各自水平要求有所不同，像是对计算机操作技能的不同的要求的水平，只有在网站信息发布学校的教育管理部门，忽略了对象本身，很难保证教育的公平性。对于教师教学质量的评价，在收集学生网上反馈时，教师可能过于严格，因此学生去进行评价时就会有多方面因素的影响，因而比较随意。如果教师的教学质量只取决于学生单方面的评价，这样可能不会促进好的教师，反而会让有些不负责任的教师更加散漫，这样产生的教学质量评价也就不会具有一定的效用。

四、教育管理人员总的素质水平很可能降低

因为信息技术的限制，垄断信息来源和程序等形式，致使信息的系统化、规范化、程序化，这样做不仅会造成直接和片面，也让人们毫不费力地去直线反应，使行为僵硬、呆板。如果管理者在很大程度上依靠信息技术，就会失去独立探索问题的能力，还会脱离实际。以上行为会对教育管理者综合素质的发展产生不利影响。

五、高校教育管理信息化中产生的问题

（一）管理观念和体制滞后问题

高校教育管理信息化经过了多年的实行，而具体到实施过程的话，太多高校仍然把精力投入主要建筑和硬件平台，而忽略了现代、高效和智能化的

教育管理理念，管理的概念、理论，还是习惯于传统的教学模式，管理模式没有与时俱进。主要在于高校决策部门没有发挥作用，并且有关制度不健全，没有专门的职能人员的设置。

（二）没有全面深入的认识

在教学信息管埋方面，高校对于它的重视程度不尽相同，但问题却是有的，如了解的程度，相应的规划和机制没有建立和完善，没有给予足够的重视等。另外，一些高校忽视教育管理的核心任务，重管理教学；在机构设置上，人员配备的问题没有得到解决，没有相应的信息和科学的施工队伍，落后的思想，在复杂和混乱的局面，仍有大量的工作，目前还不能有效地应用信息技术，管理方面也不健全。

（三）信息资源建设跟不上时代发展的问题

教育管理信息化的基础主要是对信息资源的有力建设，然而我国的信息资源建设很落后。其原因变现为以下三点：一是缺乏强有力的教育行政部门的指导和协调；二是高校之间没有沟通，也没有基本的出发点去统一、去相互支持建设；三是学校内部各部门之间很少进行沟通协作。管理的分离，使教育管理的数据共享无法得到充分实现，由此使各部分之间脱节，产生了很多不必要的行为，也使数据的准确性问题大大降低；这样分散的部门各自对管理信息系统进行关于本部门的工作安排，使数据被多次采集，增加了工作的负担，并且使学校整体的工作没有得到有效的改进，还浪费了人力。

（四）信息资源的建设不够规范的问题

教育管理信息化最主要的还是进行信息资源的发展，开发和建设信息资源是教育管理信息化建设的基础，同时需要不断地进行探索，才能有所发展。信息资源的标准化问题在整个教育管理信息系统中起着关键作用。信息的编码规则是不是实用、直观，能被广泛应用，它的前瞻性又能不能和现在及未来的教育管理模式相适应，这都需要加以考虑。采集数据时，要把握数据的精确性，用科学的方法得到科学的数据结果。只有把信息技术和教学信息资源展开深层次的融合，发挥二者在互相促进与互相补充方面的作用，才能打造完善化的教育管理信息系统。

（五）教育管理信息系统的开发问题

教育管理信息系统属于支撑和实行多校区远程教育管理的核心软件。它作为一个复杂的项目，需要大量资金投入，能涵盖很多区域，功能很强大，同时对技术的要求很高，需要长期开发才能实现。在开发的过程中，软件编程和代码编写都要求专业的人才并有大量经验，同时了解教育管理，具备教育管理经验，还应具备软件开发的条件和机制。事实上，对于普通高校来说，宜采取引进与购买两种发展相结合的方式。利用这样的方式能够明显提升软件开发效率，减少成本耗费，二者开发的重要依据是学校实际管理特征与个性化管理需要。

（六）教育管理制度的定位问题

普通高校尤其是成立时间并不长的高校，教育管理体制确定的是学年制，如果完全实行学分制的直接飞越，就会让广大师生因为无法适应新管理，而产生一系列的问题。所以，在教育管理制度的定位和选择方面，一定要循序渐进，不能一下子到学分制，而是向着学分制过渡，考虑到师生的管理适应度。

（七）教育管理队伍的建设问题

教育管理信息化是对技术和各方面要求极高的一项工作内容，也因而提高了对教育管理人员的素质要求。因为教育管理者与教育质量和信息化建设存在着不可分割的关系，只有促使他们树立现代化的教育观念，有效积累获取多元化管理知识，并且懂得创新，才能真正掌握信息化技术，进而为管理信息系统的构建做出突出贡献。所以，教育管理者一定是拥有极高综合素质的管理型人才。高校除了要在软件和硬件建设方面加大工作力度外，还要加大对教育管理者的教育培训，不断提高他们的实际应用能力，培养信息素养，丰富他们信息技术知识技能。另外，信息管理的制度要健全，特别是考核和奖惩制度，这些制度只有科学规范，才能激励和促进信息管理队伍的发展。

（八）ICT 与教育管理融合不和谐

目前，高校教育管理信息化仍在不断探索，在单纯的信息和通信技术的研究和探讨方面，对教育教学指导不足；在单纯的管理理论和教育教学的规律方面，对研究 ICT 缺乏支持。主要表现在以下几个方面：

（1）高校教育管理实践在发展中，矛盾体现在两个方面：一方面是继承传统的教育管理模式，应对新的问题和产生的新技术，在新形势下由于固有的传统的思维定式，并且没有与时俱进的理论与思想的指引，不知所措；另一方面是信息技术已应用于教学和教育管理，但应用不理想、管理效率低下的现象仍然十分严重，资源浪费现象还普遍存在。

（2）在教育信息化发展统一规划和协调方面还存在着很大的不足，宏观层面无法从学校和高等教育管理系统、应用平台等方面完全利用信息资源，更无法实现资源共享，这样使管理的效率有很大程度的下降。

（3）由于信息的标准化不够统一，因此我国教育软件业开发出来的产品各有不同，使极多的信息各自孤立，极难完全得到应用。

（4）ICT 和教育管理的共融还难以实现。怎样使软件输出的资料适应教育教学基本规律，以及使现代教育中管理的理论与应用系统有效结合，让人性化管理和个性化服务的特点得以实现，是教育界和 ICT 界亟待解决的问题。

第二节　大数据时代信息化发展对推进高校教育管理创新的现实意义

一、实现教育“四种效应”

教育信息化建设步伐在不断加快，从产生一直发展到现在，已经有了很多年的时间。可以说，目前我国已经具备了一定教育数据资源的积累，但其中还有很多问题亟待解决，具体表现为以下几个方面：第一，数据收集方法非常单一，渠道狭窄，大多数数据的来源均为教育管理系统。第二，数据整合程度较低，数据割据问题和零散化分布问题十分明显，往往会忽视数据之间的内在关联性。例如，教育视频这一极具价值的教育信息资源并没有在教育事业发展进程中被有效运用，使人们难以探寻到成本低廉和获取便利的多元教学资源，影响到人们个性化学习需要的满足。第三，数据质量水平及可利用价值相对较低。在一个数据爆炸的时代，对数据进行处理与运用时存在着极大的难度，造成数据质量低的同时，降低了数据可利用价值。第四，没有建立完善的数据平台。想要对爆炸性的教育数据资料进行分析，挖掘其内在价值，就一定要借助数据平台，提供优质而又全面的数据服务，但是很明显目前尚未构建一个良好的数据平台。

教育事业的发展和进步离不开大数据的支持，而大数据在整个教育行业进步中的应用也在不断扩大，在实际应用中会显现出以下四种效应，下面对其进行逐个分析说明。

（一）大数据对教育的整合效应

要发展智慧教育，打造强有力的智慧教育生态系统，不能够单一局限在构建信息系统方面，对整个系统中的内容与数据展开剖析和建设也是非常关键的。在大数据时代背景下，在很大程度上数据价值高于系统价值。在信息化领域，人们普遍认可和遵照的规律是 3 分技术、7 分管理与 12 分数据。如果从核心价值方面对大数据进行分析，我们可以用开放两个字进行概括。大数据借助数据研究这种方式找到事物发展客观规律，需要依赖真实及广泛数据，如果没有能够满足这些要求的数据，是无法探寻到客观规律的。怎样共享与开放数据？怎样对数据做加法？这是目前大数据进步历程中亟待解决的实际问题，更是人们不可避免的软肋。就目前而言，绝大多数的行业与领域数据都不具备开放性的特征，数据资料往往握在不同行业主体手中，主体并不愿意将自己手中握有的数据资料免费分享给他人。从教育这个领域来看，不同教育主体在大数据时代运用信息科技时有着各自独具特色的数据资源优势，在早期阶段绝大多数的教育数据都是几大教育主体垄断的。随着时间的推移，尤其是信息科技的迅猛进步，教育课程与平台的开放程度逐步增加，出现了大量品质高且具体化的教育信息与数据。将这些数据进行有效的关联与互动，会生出具备更高价值的数据信息，不断地补充和完善教育数据库，出现 1+12 的整合及规模效应。所以，站在这一层面上看，大数据作用在教育方面，在数量上做了一次加法。

大数据拥有关联分析的特殊优势，正是因为这一优势特性的存在，让数据存在着的行业界限被有效地打破，也将各行各业数据进行有效关联。例如，大数据能够将学校周围交通和学生进出小数据建立关联关系，以便智能化地管理学校周围区域红绿灯。但数据能够将学片区房屋信息和学校教师团队整体水平及学生的有关数据资料关联起来，进而更加合理科学地分配学片区教师资源，为教育资源的优化配置创造良好的条件，让择校问题得以顺利解决。教育大数据正是在关联分析的支撑下，推动教育规模的增加，实现多领域与行业数据之间的全面互动；同时极大地解决了过去依靠单一领域或行业不能够解决综合复杂问题的难题，让数据孤岛现象大幅缓解，也让很多表面看来没有价值的数据显现出以往没有发现的突出价值。

（二）大数据对教育的降噪效应

根据不完全统计获得的结果，全球领域的数据数量正在以每年 50% 速度增长，同时数据类别呈现出多元化的发展趋势。有时大量数据会由于噪声造成数据质量大幅下降。说到这里，我们首先需要知道一个概念，那就是数据噪声。噪声是被测量变量的随机误差或方差。数据以一个极快的速度增长，并不表明我们的理解能力和分析能力与数据的增长同步进行，绝大多数的信息都是噪声，并且噪声增速远远快于信号。还有大量假设亟待验证，大量数据资料亟待深层次的分析与挖掘。

究竟怎样才能降低数据噪声，提高数据质量水平及可用性价值呢？这个问题是目前摆在大数据技术改革发展道路上的重大任务。我国的教育事业正在快速发展，教育信息化水平也在不断加快，特别是在信息科技广泛深度应用的进程中，教育环境、模式、手段等多个领域都发生了翻天覆地的改革，另外也出现了大量的教育数据。实际上产生的教育数据只有一部分是有好处和可利用的，存在着大量的数据噪声，这些数据噪声会直接影响教育决策的制定，也会影响教育趋势的研究准确性。不管是哪个学校，都有着丰富而又庞大的教学资源与教学数据，但真正可在教学中有效应用的少之又少，可以随教学内容更新而不断更新，满足学生互动参与类的资源更少。这时就要借助大数据技术做减法，也就是说整合已有数据，全面剔除虚假的数据与资源，获得真实的数据信息，进而获得真正的结果。

在认识大数据对教育驱动的基础上，对差异化教育主体、系统、环境出现的海量数据展开整合研究，激活有价值的数据，剔除虚假数据，发挥大数据的减法作用，最大限度地减少数据噪声问题。

（三）大数据对教育的倍增效应

在历经长时间的累积，特别是在教育事业加快改革的背景下，教育数据积累量大幅提升，但是究竟为什么只是在大数据快速发展的近两年间才让智慧教育快速发展呢？这是因为大数据能够把过去很多处于休眠状态的数据激活，把原本处于静态状态下的数据催化成动态数据，促使教育数据倍增效应的产生。一方面，大数据有助于彻底打破传统教育的束缚，有效解决以往教育背景下遇到的教学改革难、择校难等实际问题。数据驱动决策与流程等的实际模式，会在整个教育事业的发展进步中更大范围地推广应用。另一方面，大数据为教育事业进步注入了生机活力，同时带来了创新的曙光，推动了教育产业转型升级，促进了教育教学模式的创新，还推动了教育科技的发展，这些都给教育事业的变革带来了极大的便利性。有一部分新兴创新企业把教育数据作为基础，提供具体化和针对性强的教育解决方案，促进大数据的商品化与产业化，并在整个教育领域引发创业创新浪潮和产业革命。大数据催生了很多教育应用程序，促进了很多在线课程细分企业出现。站在这一层面上进行分析，大数据在教育发展过程中发挥了倍增效应中的乘数作用。

20 世纪 90 年代，我国就致力于教育信息化建设。在长时间的发展过程中虽然获得了一定成果，但是所取得的成绩还不够显著。最主要的原因是没有深层次地挖掘运用教育信息化背后隐藏着的数据信息，不能让这些无形资产发挥最大的应用效果，同时没有增强教育信息化在优化教育决策及改善教育质量等方面的积极效应。教育部门与学校等教育主体部署了专门的学位、学籍、教务管理等系统，累积了很多教育数据信息，不过这些数据并没有得到充分利用，而是长时间处于休眠状态。实际上，运用大数据，借助对以往数据资料的挖掘分析能够清晰掌握就业前景良好的专业、辍学率高的地区、教师课业负担大的课程等多个方面的结论，从而优化课程安排，制定针对性强的入学补助策略，提升教育决策的科学性和有效性。例如，美国的亚利桑那州公立大学就特别注重运用大数据分析技术进行学生数学学习质量的提升。Knewton 在线教育服务系统有效借助大数据技术获知学生的优点与缺点，为学生提供针对性强的学习指导。这个系统在持续使用两个学期后，大学辍学率下降，学生毕业率上升到 75%，而过去仅为 64%。

（四）大数据对教育的破除效应

受到标准体系不完善和不具备信息化统筹推进机制等诸多因素的影响，当前我国各地各层教育信息系统在数据规范与接口标准等诸多方面不能良好协同，没有实现积极互通，从而出现了极为明显而又严重的信息孤岛问题，数据资料之间存在很明显的界限。要彻底转变和缓解这一问题，就要重视发挥大数据的作用，以大数据为支持对教育行业内部与行业间存在的信息孤岛这一显著问题进行破除，彻底冲破数据之间存在着的壁垒，把异构数据资料进行统一，使各个部门的教育数据实现高度互联互通，让智慧教育的发展目标得以达成，也为智慧城市建设做出突出贡献。例如，学校系统可与公安系统互联互通，借助流动人口数据分析的方式，形成对学生数量与特征的有效预测，有效解决教育资源结构错配等方面的问题，做到早预警和早干预，为广大家长提供更加优质的选择。

通过对大数据产生发展的规律进行分析，我们能够看到大数据发展经历了渐进过程，从产生一直到发展成如今比较成熟的阶段，经历了技术、能力、理念与时代的演变。而人们对大数据的高度认可及大范围的普及应用，将会随大数据发展出现调整与变化。所以，在教育事业发展过程中，加强大数据技术的应用会产生极为深远重大的影响。影响过程会经历很长的时间，从思维上的革新一直到应用水平的增长，需要经历长久的演变。大数据刚刚被应用到教育事业发展的阶段，只被当作信息化工具。借助大数据转变教育模式，增强教学效率，让教育朝着个性化与智能化的方向发展。大数据的应用在持续不断地朝着深层次方向发展，更多的人会意识到大数据是能够突破传统教育诸多困难问题的一种新能力。在大数据得到整个社会的肯定，数据资产理念全面普及，人们认识到大数据和教育结合后会产生极大的社会效应。通过对教育资源进行有效整合，能够出现资源聚合的效应。最后，在整个教育领域建立了数据文化氛围，渗透数据治理思想观念时，会构建一个具备可持续性发展特征的教育生态系统。

二、破解教育“六大难题”

将大数据作为动力支持发展教育事业，不但能够彻底转变传统教育思维，还能够借助新技术，推动教育的系统变革，让传统教育中长时间存在却又没有办法有效解决的问题被彻底破解。

（一）破解教育资源不均衡难题，实现教育普惠化

正是因为大数据对教育事业的支持，促使教育的公平性和普惠性大幅提升。教育普惠化是教育事业改革进步的一个重要目标。普是指平等教育机会，而惠则是较低的教育成本。通过将大数据应用到教育事业发展过程中，会推动区域教育资源朝着共建共享的道路发展，让更多高质量教育资源进行大范围的普及推广，实现教育普惠的发展目标，促进教育公平的实现。

1. 促进区域教育资源共建共享，降低重复建设和浪费

过去建设数字校园时出现了很多信息孤岛问题和数字鸿沟问题，到了如今这个新时代，云计算给教育信息化发展提供了很多的新思路，集中建设的方法会给教育资源收集存储共享运用带来更多的助力，也会更有助于区域性教育大数据的形成与发展。教育大数据能够让区域教育资源实现共同建设与共同分享，而这些资源具有高度集成性的特征，同时有着很高的质量，能够明显减少教育资源建设重复问题及资源浪费问题等的发生概率。

如今，我们国家正在建设国家教育管理公共服务平台、国家教育资源公共服务平台两个大平台，建设目标是要聚集教育管理与教学支持系统的大量数据资料和信息资源，构建能够促进教育教学发展，优化教育管理的教育大数据。前者借助师生一人一号、学校一校一码的思路，全面收集全国范围内师生与学校的动态化数据资料。后者借助资源征集、汇聚、共建、捐赠等多元化的方法让教育教学资源数据聚集成一个庞大的系统。教育大平台建设中收集到的这些数据，可以成为教育事业建设的指路明灯，成为智能化教育发展及教育决策产生的根基，而决策科学化水平的提高将会进一步降低教育成本。

2. 加大优质教育资源的普及，缩小不同地区之间的差距

第一，远程教育的出现、同步课堂手段的发展等会让教育信息化程度逐

步加深，也会让教育的普及度大幅提升，逐步缩小不同地区、学校及城乡之间存在的教育资源不平衡。第二，构建统一化的教育数据资源库，减少教师与学校资源存在的差距。我国把建设教育管理公共服务平台当作今后一阶段教育管理信息化建设的重要事项，积极促进学校、教师和学生三个基本数据库的建设，将师生一人一号与学校一校一码推广到全国，为广大师生与每所学校构建全国唯一的电子档案库。这些档案资料建设完成，能够将国家教育数据资源进行高度整合。把这些整合后的数据资料进行综合性分析和研究，能够动态化地监管教师换岗、转岗轨迹，跟踪学生转学、升学等一系列的过程，让教师资源分配不均、重点学校分布不合理等问题在很大程度上得到解决，逐步缩小教育成本之间的差距。第三，随着智能手机、平板电脑等现代化智能设备的产生和大范围的普及推广，再加上在线学习系统大范围的普及应用，免费教育资源开放性的提升，线上学习不管是在成本还是门槛方面都明显下降，使广大学习者可以充分结合自己的特征与需要选取在线学习课程，突破时空条件的限制，打破年龄上的约束，只要学习者有需求就能够随时随地搜集信息资源和学习内容，可以极大地减少公共资源浪费问题，为教育公平实现提供有效支持。

（二）破解教育方式单调化难题，助推教育个性化

有了大数据这一现代科技，让发展个性化教育的目标变成了现实。在后信息时代，信息的个性化程度将会进一步加剧，同时信息细分能力将大幅增强。大数据时代的信息受众会更加细致与具体，大量数据信息服务均是以个人需求为基础提供的，具有极强的目的性，能够实现更加精准的定位，保证服务效果。未来教育是以智慧教育为根基建立的人人有学上、人人上好学的伟大教育蓝图；每个学生都拥有个性化学习模型，学生不但能够自主选择学习方法与内容，还能够结合个人兴趣爱好与发展意愿挑选、构建与自身个性相符合的课程，不必考虑课程究竟来自何地。学生可以最大化地借助信息技术突破时空及打破主体限制的优势收获高质量个性化服务，保证教育的整体质量。另外，高等教育改革的基本模式将会逐步构建完成，学生主体性学习需要进一步增强，个性化学习与教育需求将会变得非常强烈。

1. 大数据驱动个性化教学

大数据能够让教师在选取教育内容时合理选择与学生身心发展特征和学习需要相符合的教学内容。教育之根本在于因材施教，但是因材施教在教育发展过程中并没有真正落到实处。大数据技术的引入与应用，为因材施教目标的实现奠定了坚实的基础。大数据能够记录学生的学习状况，通过对学生

的相关数据信息进行分析挖掘得到学生学习习惯、兴趣爱好、偏好等多个方面的信息，而教师只需借助计算机或移动终端设备就能够清晰和真正地了解每位学生。将大数据大范围和深层次地应用到教育事业发展过程中，教师能够跟踪学生的整体学习状况，掌握学生在网络化学习过程中，究竟是在哪些地方遇到难题，在哪些地方花费的时间很多，重复访问的页面，更加偏爱的学习方法，获得最佳学习质量的时间点等。简单地说，大数据能够加深对学习者的了解，提高了解的深度与准确度。不管是教师、学校管理者，还是学生的家长，都能利用大数据，获得大量高价值信息，确保教学决策的科学性与有效性。教师通过对学生整体学习轨迹展开研究分析，在没有正式教学前就能够比较精准地把握教学难点，从而有针对性地完成备课工作，节约时间和减少其他成本的耗费。比如，美国加州马鞍山学院开发出了 SHERPA 系统，该系统可结合学生兴趣爱好为他们推荐课程、时段、可供选择的节次。这样的功能能够让专家解决学生的选课问题，增强学生对所学专业课程的了解，让学生可以结合自身实际，确定与个人最相符的课程。同时，还能借助智能分析，为广大教师及其他的课程设计人员，给出大量有针对性的反馈信息，使其可以有针对性地进行教材内容的调整创新。

2. 大数据驱动个性化学习

大数据能够让学生更容易找到自己需要和感兴趣的学习内容。奥斯汀佩伊州立大学建立的学位指南课程推荐系统能够给广大学生提供个性化的课程推荐服务，使学生既能深层次地把握和他们最契合的专业，也能优先选择发挥他们聪明才智的课程。给出的选课建议并不是发现学生最喜爱的课程，而是研究哪些课程更有利于学生制订合理的学习计划，怎样的课程安排，可以让学生收获最佳的学习效果等。这个系统还给学生顾问及系主任提供大量的信息支持，使得他们能够选用定向干预及课程调控等方案提升教育教学质量。这个系统功能的逐步强化与改进，还能够让学生在专业挑选方面获得支持。

Knewton 网上教育企业于 2008 年在纽约成立，其重要的发展目标是为学校、全球学生及广大的发行商提供预测分析与个性推荐服务。该企业提供的核心产品是在线学习工具，而这些工具针对的是每位学习者，能够充分满足他们的个性化需求。该企业还加强和出版商的密切合作，通过进行资源整合和协调互动，把不同类型的课程资料展开了数字化建设，同时极大地拓展了学生覆盖范围。该企业核心技术是适配学习技术，可以借助信息收集、预测推断及建议的方式给出个性化的意见与建议。在收集数据时会构建学习内容体系中差异化概念关联，把学习目标、类别和学生互动进行有效集成，之后借助模型计算引擎等进行后续数据的处理分析与应用。在预测推断阶段，会借助心理测试、策略与反馈引擎研究收集到的数据资料，而研究获得的结果会用建议的形式在建议阶段推荐给学习者，满足他们的个性化学习需求。

3. 大数据驱动个性化交互

大数据拥有数据跨界整合、流动与挖掘等突出的优势，能够让原本零散分布的线上线下教学资源整合成一个整体，彻底突破以往落后的教学关系，形成极具个性化的交互，为广大师生和家长提供更加精准有效的互动平台。这样的精准交互之所以能够实现，是因为有精准定位，学习目标作为基础，再加上有现代信息技术提供个性精准学习资源与考核体系，让学习速度与质量均可度量。一对一精准交互极大地保障了师生、家长等多个方面的沟通有效性，同时让学生的个性化学习需要得到持续不断的满足，实现线上线下的个性化互动与关怀，降低学生的学习压力与负担，节约时间，提升学习质量。

（三）破解教育信息隐形化难题，促进教育可量化

以往教育信息均具备隐形化的特征，不能有效实现多元化的信息处理，但是大数据技术的应用，彻底转变了原有的教育信息状态，让这些数据信息能够实现量化处理。正是因为现代计算机技术的快速发展，大量数据库的完善化建设，让个人在客观世界中的一系列活动被充分记录下来。这样的纪录，拥有极高的粒度水平，同时平度也在与日俱增，对社会科学定量分析带来了重要的数据支持。因为可以更精准地测量与计算，社会科学将会褪去准科学外衣，在 21 世纪迈入科学殿堂。比如，新闻跟帖、下载记录、社交平台信息记录等都给政治行为分析工作提供了海量数据资料，政治学将会逐步转变成为地道科学。教育是社会科学不可或缺的组成要素，也会以数据科学发展为契机，朝着可量化的方向发展。

之所以能够促进智慧教育的产生和进步，是因为有信息化基础设施和信息化技术作为重要的依托，以及大量的信息化新技术正在大范围地推广应用。这些丰富多样的核心技术让教育事业建设拥有了大量教育数据，推动教育智能化的深层次发展，而不是停留在表面。将信息技术作为有效评介，学生学习兴趣与学习难点等过去只能依靠教师经验才可确定的，现如今借助学习软件就能够轻松获取。这样的可量化在教育中主要体现为教学过程、校园管理、教学评估的可量化。就拿教育质量评估来说，大数据技术的有效融入和广泛应用让单独开展过程性评介测量与评估从不可能变成了可能。在具体的教学环节，学生出勤率、习题准确率、师生互动频率等数据都能够通过收集、归

类、整理、研究等方法构建过程性教育质量评价方法，而这些信息对于学校办学及学校教育科研的进步将会是极大的助力。

以大数据技术为依托的可量化衍生而来的个性化教育是智慧教育非常明显的一个特点，通过捕捉学生学习轨迹、活动轨迹、资源使用轨迹等多个方面的信息、可以有效预测，获取学生兴趣点，分析学生的学习需求，进而为他们提供更有针对性的学习资源和学习服务，让学生的学习需要得到满足，也让他们顺利地实现学习目标，在智慧学习中走得更远。

（四）破解教育决策组放化难题，提升决策科学化

怎样将教育数据作为有效基础，积极制定教育政策是目前教育领域长时间都在积极探究的课题。在传统教育的发展进程中，制定教育决策主要依靠经验，或主观上的判断。目前，大量教育决策的提出，过度依赖经验直觉，甚至一味地追求流行，通常没有丰富数据作为强有力的支撑。不管是之前的英语四、六级改革，还是最近的高考改革方案，教育决策可操作性与科学性成了教育研究者及社会公众对教育诟病的一个问题。随着教育信息化水平的提升，以及相关投入的加大，充分发挥教育信息化优势，使企业更好地推动教育教学改革，促进学生综合素质发展，优化教育管理，推动教师专业化进步，强化学校与社会沟通交流，已经不仅仅停留在政策理念层面，更应在具体实践中进行贯彻落实，有效发挥数据作用，制定出合理化的教育决策。在大数据背景下，数据驱动决策成了提升教育决策绩效的新思路，也就是说，大数据将会应用于教育决策制定的全过程。这样的数据驱动决策方法是适应信息技术改革发展提出的，具有极强的可行性与可操作性，同时，还有大数据时代进步的必然性。

从可行性的角度上进行分析，如今大数据技术在不断成熟，但数据分析的便捷度大幅提高，分析成本显著降低，和以往相比，更易加速对有关业务的理解深度。过去教育机构只是简单借助教育视频资源下载量、点击率等用户行为数据信息做好教育分析工作，并以此为根据调整视频资源的设置，对教师资源配置进行恰当的调整与安排。而在如今的大数据时代，传统数据研究方式已经不能够满足实际需求，开始有更多的教育机构借助对用户访问路径跟踪的方式，获得与用户行为相关的数据资料，尤其是在很多互联网企业涉足在线教育后，充分凭借其在技术方面的突出优势，综合分析在线教育视频的细分用户数据行为，以此为根据进行教育资源的安排，革新教育产品，创造现代化的教育教学方法，而我们所说的这些过程均是数据驱动决策在教育中的应用表现。

三、加速智慧教育生态体系的构建

（一）智慧教育生态体条的构成要素

在前文的论述中，我们从很多方面对大数据给教育带来的一系列作用和影响进行了阐述，大数据在教育领域中的突出作用除了体现在以上方面外，更关键的是能够促进智慧教育生态体系的构建。智慧教育生态体系是以人的教育活动为中心，基于大数据平台等的应用，结合智慧教育发展模式，构建双向价值转移，能够促进教育自循环与可持续性进步的多元互动环境系统。该系统包含五个核心要素，分别是多元教育主体、核心教育活动、优良教育环境、健全教育机制与成熟教育产业。这五个核心要素存在着密切的关联，彼此互相作用而又相辅相成。整个的智慧教育实践活动都将教育主体作为核心，围绕其开展成熟智慧教育产业，给教育活动的推进实施提供服务和产品方面的支持，优质智慧教育环境及健全的智慧教育机制能够给教育活动提供制度方面的强有力保障，推动智慧生态体系的建设与运行，最终确保教育资源全面深度整合与共享，促进教育资源多层次与全方位的覆盖，让全民都能够享受到优质的教育资源支持。

具体来说，多元教育主体是指以管理者、教师、学习者、家长和公众为核心的主体对象；核心教育活动是指智慧教学、智慧学习、智慧管理、智慧科研、智慧评价和智慧服务；优良教育环境是指教育政策环境、市场环境和社会氛围；健全教育机制是指管理机制、运营机制、反馈机制等；成熟教育产业是指以丰富多元的教育产品与服务体系为基础的较完整的教育产业链。

（二）智慧教育生态体系的运行机制

在一个完整的智慧教育生态体系中，大数据扮演着怎样的角色？发挥着怎样独具特色的价值？如何促进智慧教育生态体系建成呢？在我们看来，随着大数据技术与教育领域的深度整合和大范围的普及推广，大数据会积极促进大平台系统的建设完成，汇聚多种多样的教育数据建立教育大数据平台；建设大服务体系，提供广泛的教育服务；实现大教育的伟大愿景，让不同人群的终身教育需求得到充分满足。大平台系统负责给整个智慧教育生态体系进步提供基础，借助这个平台，能够整合多元化的教育资源，给优质资源共享与广泛应用提供强有力的支持；大服务体系是智慧教育生态体系发展实施路径所在，借助多元化教育产品与服务宽广的教育渠道，提供广泛而又便捷的教育服务；大教育的伟大愿景是生态体系发展根本目标所在，目的在于让人们的终身学习需求得到满足。

大平台系统负责发挥大数据对教育的整合效应，把整个社会不同种类的教育数据资源整合汇聚成一体，让不同主题掌握的教育数据互联互通，借助教育大数据治理，建设智慧教育服务平台，推动教育大数据的有效共享；借助数据开放、共享、交换等多元化的运营机制治理教育大数据。企业及教育机构可把这些数据资料作为重要的根据，为师生及学生家长提供多元化的教育产品与服务。另外，教育管理部门可把这些资源作为制定教育决策的根据，以便形成对智慧教育产业的全面监管，为大服务体系的建立创造良好条件。

大服务体系将大平台系统作为重要根基，把服务五大主体当作核心，紧紧围绕智慧教学、学习、管理、科研、评价、服务六个核心教育活动，提供全面化的教育产品服务，拓展便捷的服务获取路径，供给多元化的服务内容。这些教育产品和服务主要表现为：面向管理人员的教育管理系统，如学籍、教务等管理系统；面向教师群体的教育资源库及教学、备课、教研等应用系统；面向学生群体的学习资源与多元化学习方式；面向家长的家校互联系统等。这些应用系统会产生大量的数据资源，而这些资源会给大平台供给大量持续更新的教育大数据资料。在很大程度上，从数据到服务，再到数据的转换模式，能够让教育大平台系统和教育大服务体系构建和谐互动的关联，最终实现可持续性发展。

大数据愿景是以大平台系统与大服务体系为基础构建的多层次及全生命周期的智慧教育发展模式，把一切教育资源整合起来，让所有社会成员均能够享受到受教育机会，构建终身教育体系。

另外，构建智慧教育生态体系还与很多因素有关，需要多个方面的知识，如教育环境、教育体制机制、教育产业布局等。就环境基础而言，在政策环境方面，国内外政府与有关管理者在长时间的教育管理实践中已经在思想认识上进行了转变，也意识到信息技术等对整个教育领域施加的影响及渗透深度都在逐步增加，特别是政府部门越来越接受云计算和大数据等，政府制定激励性政策扶持信息技术在教育领域中的推广应用，所以政策环境从整体上看是非常乐观的。就市场环境而言，从整个世界领域上看，在线教育、网络教育等和智慧教育紧密相关的前景被大家看好，教育行业信息化建设方面的投入程度逐步增加，在线教育市场逐步增大。与此同时，针对差异化服务主体教育市场细分水平逐步提升；就社会环境而言，公众可以有效借助互联网及智能手机等工具实施碎片化学习，让终身学习和灵活学习成为可能，以社交网络为基础的群体学习活动俨然成为时尚。就智慧教育运行机制而言，数据资源的协同推进机制在建设和发展的过程中获得了很多的新进展，在线教育企业和传统教育企业开始加大合作和沟通力度，使线上线下教育资源持续不断地进行整合；以数据资源管理为核心的教育大数据运营机制正朝着创新改革的方向进步，在未来极有可能形成多元模式、共同发展的新格局；智慧教育、决策与反馈机制等多个方面获得了很多突破性进展，把大数据技术应用到教育决策中，也越来越多地得到了教育管理部门的肯定。就智慧教育产业根基而言，虽然一直到现在，智慧教育都没有构成完整化智慧教育的产业链，但是从教育信息化与互联网教育产业进步的角度上进行分析，智慧教育的产业链已经具备了雏形。整体的产业发展现况，还有着很多问题亟待解决，如缺乏顶层设计、行业规范不健全等，这些成了影响智慧教育可持续发展和顺利实现教育发展目标的阻力。

（三）大数据在智慧教育生态体系构建中的作用

1. 大数据加速“大平台”系统的形成

大数据技术在教育领域的普及应用提升了教育数据的开放性水平。提升教育数据资源开放度，能够全面汇聚多元教育主体手中握有的教育资源，利用沟通共享等方式优化教育改革发展的环境，让整个教育事业向着大平台的方向进步。这里所提及的开放，一方面是以政府、学校、科研机构等为主体的狭义层面的教育数据资源开放，其开放程度的增加能够让教育政策环境得到明显改善，为大数据的深度应用提供政策支持；另一方面是广义层面上的开放，涵盖企业、政府、教育机构乃至社会公众等多方面的主体，是一种全社会领域的教育数据资源共享。

利用这样的开放，能够有效优化教育发展的市场及社会环境。大数据技术在教育领域的普及和深度应用能够促进教育信息共享，缩小地区之间的教育差距。有了大数据这一观念的支撑，全部教育信息在整合应用的过程中，能够建立教育资源的信息化平台，利用互联网将多个资源展开数据整合与合理化配置，可以让优质资源有效流动，构成一个良性循环，让资源渠道得到拓展，让学习资源发挥的作用持续增加，让人能够接受教育信息资源的不断扩大，进而建立更高层次且能够实现互通有无的教育资源信息平台。有了这个平台作为有效支撑，广大学习者能够有效借助文字、视频、动画等多元化的呈现形式学习知识和发展技能，广大教师可借助多元化的教育技术工具与设备优化教学管理，让课堂教学更具人性化，充分满足学习者的个性化需求。

第一，开放特性。一方面，以“智慧”为名义的教育平台对用户是完全开放的（用户可以根据需求自行上传、下载平台上的内容）；另一方面，以“智慧”为名义的教育平台对政府、学校、学生家长和其他第三方机构完全开放，运用这种全方位开放模式激发广大参与者自愿自发地获得优质教育资源，主动参与到教育体系建设中，成为教育互动的一分子。

第二，整合特性。这样的整合特性具体体现在大数据对教育的整合及破除效应方面。大数据能够让线上线下的教育数据资源实现整合，进而构建O2O教育产品闭环。这一教育闭环系统的建立，能够极大地促进线上线下资源的共享，维护教育的公平及教育资源的均衡分配；有利于让线上和线下的教育资源实现优势互补与互通有无，使学生的学习效率和质量大幅提升；有利于线上线下教育成果的转化，全面升华学习价值。O2O教育闭环系统把线上与线下资源的优势进行了全方位的整合。将教育领域中的数据实施充分深度整合，突破教育数据区域壁垒，发挥破除效应。尤其是学校教育中，数据变成教学方案改进最明显而又有效的一项指标。一般情况下，这类数据主要指的是考试成绩和入学率、出勤率、辍学率、升学率等。就课堂教学而言，数据应该可以说明教育成效，如识字准确率、习题正确率、举手答题次数、师生互动频率等。

2. 大数据加速“大服务”体系的构建

在有了大数据作为教育事业发展的强有力支撑后，能够让大数据成为推动国家教育体制改革的强大助力，而教育体制改革涉及教育制度、教学资源分配、课程设置、人才培养等多方面的改革。例如，国家部分开放共享和入学、毕业等相关的基础教育数据，借助大数据技术，挖掘历史数据信息，以此为根据优化教育决策、教育政策影响，促进教育体制改革质量的提升。

大数据在教育中的应用能够起到改善教育决策的作用，提升教育决策的准确度。在如今的教育事业发展过程中，大数据的概念已经逐步实质性应用在了教育政策探究和实践环节。将大数据应用到对政策进行科学化设置当中拥有着极大的优势，具体体现为两个方面：第一，大数据时代伴随软硬件升级，具备了分析更多数据的可能性条件与手段，不再依赖随机抽样的方式。第二，大数据时代，人们已经不再过度追求精准度。在大数据的支撑下，我们常常不必再针对某个现象追根究底，只需把握大致发展方向即可。特别是在决策方面，宏观意义是大于微观意义的，通过适当忽视微观精确度的方式，能够让宏观方针的洞察力得到提升。

大数据会极大地促进学校人才培育模式的创新。借助学习、考评等系统生成的海量教育数据资料，分析这些数据信息，改革教育环境与模式等多个方面。对学生学习行为轨迹数据精准描绘，如记录鼠标点击率，能够探究学习者活动轨迹，发现他们在面对不同知识点时的差异化反应及所用的时间，哪些知识内容需重复或特别强调，怎样的陈述方法和工具更科学有效。记录个体行为的教育数据资料看似是杂乱的、没有任何章法的，但是当这些数据累积到了一定程度，群体行为即会在数据方面显现出秩序与规律。在分析这些秩序和规律后，在今后在线学习中，就可以有效弥补没有教师面对面指导的缺陷。大数据与教育领域的融合会促进教学过程中的一系列变革。在具体的教学过程中，加强对大数据的应用与分析，可以更好地对学生的学习习惯、效果、教学改进等展开有针对性的聚类研究。

大数据通过激励社会公众主动参与推动社会创新。广大社会团体及高校联盟等组织，可以借助公共教育资源共享平台对在线学习与全民教育的学习轨迹展开深层次的研究；激励社会创新，有效发现和培育优秀的创新型人才，促进教育数据增值。企业等大量的网络公众媒体负责供给大量开放性的课程资源，扩大流量，实施有效的商业精准营销。

大数据会加快全民终身教育体系的构建步伐。在如今这个大数据时代环境下，大数据接口和学生数据的软件应用得到了大家的关注，服务于终身学习与个性化学习的教育信息系统会进一步地被开发与推广。翻转课堂、社交网络等的研究会让教育朝着实证科学的方向演变。信息为人的发展提供服务，信息无处不在，终身教育会变成社区教育基石，让全民拥有一个开放免费的学习平台。

3. 大数据加速“大教育”愿景的形成

智慧教育大教育愿景，有以下几个方面的表现：从教育范畴上看，应该涵盖学前教育、小学、中学、职业、高校教育、特殊教育、全民教育等多个方面。就教育时间而言，需涵盖全日制教育、业余教育与终身教育三个方面；就教育机构而言，大教育将会有效突破单一化的教育机构模式，让学校、社会与家庭教育形成一个统一整体，使教育科在全部部门开展；就教育方式而言，大数据会运用所有科学有效的教育路径与教学方法，涵盖教学、自学、正规和非正规教育、集中教育培训等多个路径与方法；就教育目的而言，大教育观提倡的是学习和教育不单单是谋生的工具，也不是功利化的手段，其目的在于完善人性，推动个人人格健全，促进个体个性化和全面化发展；就教育体系而言，大教育注重建立家庭、学校、社会“三位一体”的教育网络，教育是学校的主要任务，但同时又是相关家庭和全社会的共同义务。把大数据技术应用到教育领域，能够让大教育观中很多原本无法实现的设想轻松实现，也让我们设想与追求的大教育拥有可实现性。

通过对上面的一系列内容进行具体深入的研究，我们获得的一个结论是随着大数据与教育整合应用程度的加深，大数据的强大影响力及不可忽略的效果将会逐步凸显出来。大数据服务性、智慧性及开放性的特性将会促进大平台系统、大服务体系及大教育愿景的形成和发展，最终构建具备可持续性发展实力的智慧教育生态体系。在这样一个生态化的体系中，能够灵活运用开放、免费、共享等多元化的方法，让多元主体的教育资源应用率大幅提升，从而优化教育的政策、市场与社会环境。

优质环境会为智慧教育形成发展奠定强有力的根基。与此同时，利用健全教育产品与服务，建设教育产业链，把大数据更加深层次地推入教育领域，运用大数据促进国家方面优化教育决策，促进区域教育均衡持续发展，推动教学过程智能化和教育管理精细化，让教育生态系统最大化地发挥功能价值，让全民享受到更优质的终身学习服务，从根本上推动教育事业的长效发展。

第三节　大数据时代信息化发展推动高校教育管理创新的策略研究

一、高校教育管理体制需要在信息化下进行改革

管理系统包括三个方面的内容：隶属关系的确立、组织结构的建立和管理权限的划分。高校教育管理系统是指对高校教育管理的组织结构和权力归属进行划分，划分的时候既要注重培养目标的特殊性，又要体现教学水平，更要遵循教育教学规律。这隶属于大学的管理体制。传统的大学教育管理结构是金字塔形结构，是由官僚式组织结构形成的垂直自上而下的模式，“强调管理结构位于上层组织结构上的责任和权威”。教育机构是这个方面的代表。教育家罗泰（Lortie，1969）就曾经表示，学校里，管理权集中在最顶端，权力集中分配，按等级分配。

时代的发展要求改变传统的教育管理体制，加大体制创新力度。在当今信息时代，学校的环境变得更复杂、更多样，这要求学校的管理方式既要多样化，也要兼顾个性化。传统的教育管理体制不灵活，无法有效适应内外部环境的多元化变化。新技术环境冲破了原有教育结构的刚性布局，信息传达形成了灵活多变的结构和扁平化的信息传递渠道。因此，对传统校园教育管理体制进行改革是有必要的。在改革过程中，信息技术提供了强有力的支持，为教育管理体制改革注入了新的活力，在学校管理组织体系中应用广泛。广大师生都是网络信息技术的拥有者，他们具备参与改革的知识和能力，是教育管理体制改革的领导者。同时，信息社会的到来，让教育管理者开始面临极大的挑战，也提高了对他们综合素养水平的要求，需要他们与时俱进，不断适应新时代，抓住机遇迎接挑战。

二、利用信息化手段改革教学计划的管理方式

要深化教学改革，第一步要做的是改革教学计划。只有好的教学计划才能保证好的教学质量。制订好教学计划，是建立教学体系、安排教学任务、组织教学过程的基础。教学计划一般是在国家相应教育部门的指导下，考虑全局效益，由教育学家或相关人员独立制订的。教学计划都符合教学规律，一段时间内稳定不变，但从长远来看，也要不断及时调整和修正，适应社会的新发展及经济和科学技术的进步。

教育管理者还要改变传统的教学观念，及时修正和调整教学计划。原因有以下几点：一是从社会对人才的要求来看，当今科学技术和社会经济人才发展的要求越来越接近，要综合社会对人才的要求来制定教学规划。二是就人才的成长而言，大学也只是学习的一个阶段，是终身学习的一个组成，并不是学习的终点所在。因此，在大学时期，不但要注意加强专业知识的学习与积累，更主要的是掌握学习方法，还要学会生存，学会共同生活，学会做事，也要注意提升创新能力与创造力。三是从整个世界来看，中国已经加入WTO，经济全球化的趋势发展迅猛，中国的人才要走向世界，在整个世界上进行竞争，中国教育也要注意对国际化人才的培养。

信息化时代要求我们紧跟时代潮流，准确预测社会对人才要求的改变，培养符合国家要求的人才。要达到这一目标，我们应该加强对信息技术手段的合理化应用，科学设计教育规划，并对其实时监控和及时反馈，制定出教学方案的评价标准，使高校毕业生尽量满足社会的要求。

三、大数据环境下高校教学计划的制订

第一，教学计划应该满足以下几点要求：①客观性。要尽量按社会主义市场经济的要求，设计多种人才培养模式，也要尽可能多地考虑到未来环境的变化，设计多种智能结构。②灵活性。学生要找到适合自己发展潜力的模式，学校要尽可能提供不同种类的多种模式。具体方法可以参考以下建议：学分制方面，可以采用完全学分制。在信息技术大范围推广应用的进程中，远程高等教育得到了长足发展，任何科目、任何内容，学生都可以借助网络进行学习，不限于时间和空间。安排教学时，需要充分合理地应用好信息技术，让学生拥有一个充分选择的空间，也要针对不同学生的不同特点设计符合其个性的教学过程。应该将学生培养成这样的人才：整体素质高，基础扎实，专业能力也不差，注重知识的全面发展，能借助网络开阔眼界，丰富知识面，拥有终身学习与可持续发展的能力。但必须承认，对大学生的各种类

型的要求不可能有一个统一的标准，我们要鼓励自由发展。

第二，制订教学计划的一般程序。对人才培养目标和业务类示范专业分析；了解有关文件精神和规定的注册研究；提出的意见和部门的学校教学计划的要求；主持制定教学纲领，系（院）教学委员会进行审议，由学校教学工作委员会复审核查，核查签字后由执行校长签字确认。

第三，大学教学计划的内容主要包括以下两个方面：确立合理的专业培养目标，设置合适的课程。因为专业培养目标的质量标准、课程的设置与人才的发展息息相关，本书主要研究培养目标的确立与课程的设置。在专业设置和专业培训目标的确立上，主要应用了调查的方法。调查的基本步骤包括：①凭借履历或理论分析提出若干备用的选项；②发放调查问卷，让被调查者在备用的选项中选择自己的意见或建议；③对调查结果进行统计分析，按照被选择次数的多少对各个选项进行由多到少排队；④制订一定的规则，看看哪个选项占的比重较大。在整个过程中，要充分利用信息技术，借助网络收集信息，收集完后可以借助计算机对调查信息进行统计分析，得出结果。同时，还应注意以下几个方面：一是要进行可靠的预测，对毕业生的就业情况有一定的把握，毕业生只有满足社会的要求，高校才能有较高的就业率；二是引入更多的优秀教师，完备实验仪器和必要的书籍，生活设施也应该尽量完善；三是要有尽可能宽的口径，形成宽口径专业教育模式目前的情况是教学信息越来越不难获取，学习知识也变得更加容易，但是要进行知识的重组和创新变得比较困难，所以我们要重点训练学生的综合素质；四是要有学校自身的特点，学科建设要结合学校的地域优势和传统优势学科；五是考虑到专业的冷热门问题，并及时调整，满足需求。

信息时代下，高校要实施教育教学管理首先应相对稳定和严格地执行教学计划，为此可以制订以下两条准则：一是将教学计划分为学期教学计划和年度教学计划，制订工作表，安排好每个学期的教学任务、教学教室等；二是由相关部门制订教学组织计划，如社会实践计划、实习计划、实验教学计划、培训计划等。不仅要有适当的政策和环境及保证教学基础设施，还要有教育管理和教师、学生相配合，这分别是教学计划顺利实施的内外部条件。在这个过程中要把握五个方面：一是要切实维护教学计划的严肃性和权威性，严格遵守教学计划，可以适当调整；二是在具体的实施过程中，严格选择计划材料，遵照教学大纲的要求；三是加强教师群体的力量，确保教学第一线与教学计划一致；四是制订教学质量评价方案并严格监测执行，可以借助信息技术建立自动的监测和反馈系统；五是教学组织与管理要严格按照教学计划进行。

四、大数据环境下对教育管理人员的素质要求

知识密集、高新技术、人才聚集、思维活跃、信息渠道十分畅通，这些都是高校的特点。随着信息技术的快速发展，所有的教育管理人员的素养也有待提高。

各教育管理人员应该做到以下几点：

第一，树立强烈的服务意识。管理的本质就是服务。教育管理人员不能把自己作为掌握权力的管理者，而应该作为一个服务者，服务学生，服务教师，服务教学，进而服务于崇高的教育事业。

第二，掌握教育理论和专业知识。作为教育管理者，教育的科学及其规律是基础，一些专业的知识必须掌握，如教育学、教育心理学、管理学和大学教育学等，如此才能让科学教育和教育管理得以实现。高校的管理人员既要具备充足的理论知识，也要掌握高等教育改革的理论。除此之外，还必须具备相关的专业知识。进行教育管理工作，是对学校现在的一切资源实现有效而科学的管理，所以必须学习相关专业知识，包括现代计算机方面有关管理的方法和档案的知识等，才能应对教育管理工作操作的复杂性。

第三，掌握现代信息技术，具有良好的信息素养。随着现代信息技术的飞快发展，我们必须掌握不断更新的技术，这样才能使管理效率不断提高。教育管理人员不仅要拥有极好的信息素养，还要很好地使用现代的信息技术。例如，教育管理人员在教育管理中会用信息检索知识并从网络取得需要的信息；会使用教育管理软件；掌握一定的英语知识，这样才能顺应网络技术与教育国际化的发展；要提高教学信息化管理的敏感性，了解人们具备的信息并清楚其需要的信息，如此才能使教学的质量提升，从而提升管理的效率。

第四，具备较强的管理能力。首先，组织决策能力要比较强。当今社会，教育体制改革在不断加强，只有教育管理者具有较强的组织决策能力，才能制订教学计划，制定切实可行的政策措施，对整个教学过程进行加工，并结合学校自身的优势做出科学合理的决策。其次，教育科研能力要强。查找资料，深入研究，准确把握国内外各大高校特别是精英院校的教学情况及世界教育改革的趋势；要处于教育管理、教学第一线，或参与课堂教学，经常了解教学情况，对高校教学进行调查和研究，掌握整个学校的发展趋势，做好教育管理。同时，“教育管理是一门科学”，实施教育管理和教学研究，是教育管理的共同任务。为了正确地管理，提高教育管理的质量和效率，研究者和教师有必要研究教育管理的特点和规律。最后，要勇于创新，敢于开放，培养良好的集体合作能力。教育管理应该与时俱进，而不是一成不变的。对

当前高校的教育管理者来说，创新创造能力是他们最缺乏的。

五、与大数据紧密结合

（一）完善教育管理制度

教育管理系统是根据国家教育法律、法规等，由上级领导部门决策并制定条例与规则，作为教育的一个重要手段，维护正常的教学秩序，是一个国家的教育政策和制度的组成部分。

高校的教育管理制度主要有四个部分：关于教育材料的管理，如教学的计划、课程安排和总结等；关于学校学业进程的管理，如考试、教课进度、资料档案管理和课程的调换等；教师和教育管理人员的责任和奖惩制度；关于学生的管理。

为了提高教学质量，不仅要有教育管理制度，还应立足于各校实际，再设立新的制度：第一是应对教学工作多开会讨论，会议制度要详细确立，按期举办研讨会并进行会议的指导，使教学可以制度化；第二是要对管理加以制度化和规范化；第三是合理安排考试，重视管理考试程序并制度化；第四是建立和完善毕业生就业质量评价体系，不仅要分析评价结业论文，还要有后续的了解，对毕业生多加关注；第五是应找专门人员对教学管理进行合理监督；第六是关于研究革新教学工程体系；第七是职业教育的评价也要标准化；第八是教学成果情况的结果，如英语四六级和全国计算机考试的合格情况、职称结构和教师资格等。

（二）校园网推动教育管理的作用要发挥好

环境是基础，教育管理的基础就是校园网络平台的建设。如今的教学离不开这个信息平台，一是要特别注重校园网络的作用，尤其多考虑整体的发展，合理进行计划。二是统筹设计。充分考虑并实行网络的开拓、软件开发和校园网建设。在施工中必须非常理性，做好网络接口，分阶段建设，使效益最大化。三是软硬件要结合起来共同建设，由于设计软件耗时长，在进行网络改进时耗费时间会更多。教育管理的信息系统是由多方面组成的，可以独自设计，也可以买来现有的加以使用，要尤为关注的是软件的合适及可以共用。四是专门应用，三点技术，七大管理，如此才能取得最好的效果。学校应该安排认真负责、技术过硬的老师担当校园网管理的重任，有效助推网络的多方面应用。五是加强深造培训。校园网影响全校教育管理人员、教师和学生的校园网络生活。学校应重视对教师实施优化管理及专业化的教育培训，合理制定有效规划，使学生和管理人员能够充分应用校园网满足各自差异化的需求，产生对校园网的认同感，而不是对其出现抵触心理。六是加强使用。最终的目的是创造效益，只有加强对校园网的应用程度，加强对校园网的完善力度才能真正发挥和增强其价值。

（三）教学要有足够的投入

如果没有丰富的物质资源作为根本支持，就无法保证价值的发挥，正所谓“巧妇难为无米之炊”。学校经费是教学运行的基础，好的高校一定是有充足资源的。现在，我国高校教育管理存在严重问题。首先，在教学中经费不足。我国高校经费一般由政府进行投入。然而，由于财政收入不足，投资是非常有限的，因此资金很紧缺。其次，能源投入缺乏领导力。由于各种原因，校领导对教学条件和教师不够深入了解，造成了教学品质降低，教师与教育管理人才投入不足。最后，一些学生不够勤奋，不能在学业上投入充沛的精力。事实上，高校对人才的培养，不仅要求硬件资源还要求软实力的投入，只有两个方面兼具，才能实现高效率的管理。如今，有一些途径可以用来改进教学：第一，不单单依靠政府投入建立各种投资系统，从不同主体入手，寻找不同方法；第二，合理划分经费投入，校园管理层认为教学是重点，导致了费用的不合理分配；第三，待遇从优，使教师没有后顾之忧，专心致力于教学，改变教师短缺的现象；第四，加强学生管理，增强学生学习的动力和压力。

第五章　信息化思维下高校学生管理面对的机遇和挑战

第一节　信息化思维给高校学生管理带来新的机遇

一、信息化实现了高校学生管理工作科学数字化

社会信息化是以互联网技术为代表的信息技术发展的一个必然结果。我们已经步入了信息化时代，社会信息化对于高校学生思想政治教育工作的影响是深远的。信息化让学生管理工作转向数字化。在以前，高校在统计学生的基本信息时往往采用一个学生一张信息登记表的形式，以便辅导员或其他老师了解学生的基本情况，而现在，在对部分高校的老师进行调研时发现，学生的信息统计基本上都已经采取了数字化的存储方式，即当需要查找学生信息时，可以快捷方便地进行针对数字信息查找。同样，在高校数字化校园建设中，由于要求每个新建设的系统都要与中心数据交换平台相兼容，要符合数字化校园的标准，因此往往新系统的业务数据都会被提交到中心数据库中。这样做方便实现了学校数据管理的标准化、集成化、权威化，并确保数据的完整性、有序性、一致性和共享性，为业务系统和最终用户提供了便捷、高效、安全的数据存储，让访问服务实现了对数据有序组织和集中管理，同时推动和促进了职能部门的业务规范化和学生管理工作的科学化。实行高校学生管理信息化，可以使学生管理工作的内容与管理流程更加科学化、制度化、规范化，它可以避免繁重的人力劳动，将原来大量的重复工作简化，避免人为的不合理因素，节约了人力，降低了工作量，并且避免了一些工作中的失误和错误，提高了工作效率，拓展了学生管理人员的工作延伸空间。例如，在浙江工业大学的学生综合管理平台可以看到，学生的基本信息已经采用了数字化的存储方式，在系统中集成了学生常用的日常事务、统一认证、心理健康等功能，给学生的日常学习和生活提供了便利，让学生工作趋于科

学高效化。

信息化在高校的迅速普及极大方便了学生的学习生活，也极大提高了学校管理部门的工作效率。学校在实现校园管理的同时，更加注重便捷的服务。数字化是指应用现代信息技术，将文本、声音、图像、动画等物理信息以一定数字格式录入、存储及传播，简单地说，就是信息处理的计算机化。数字化校园就是要在校园内建设一个以校园网为媒介，以信息化管理为重点，以信息化服务为支撑的便捷的校园管理系统。同时，校园主干网络的建设覆盖整个学校的建设，连接所有包括的图书馆、食堂等自助终端设备，实现校园网和区域主干网的对接，实现教师教学、学生事务管理教师教育研究的信息一体化，随时随地为校园里的教师和学生提供便捷的信息服务。建设数字化校园就是建设一个理论和实践相结合，信息技术过硬、应用广泛的信息系统，实现信息服务数字化、智能化，信息管理自动化。实现学生事务信息化管理就是要借助于智能化的电脑系统，将学校行政管理、学生事务服务等不同的系统对接，那么各个部门之间的数据库就能实现共享，有效地缓解了各个部门、各个院系各行其是的现象。这些信息通过网络转化为数字形式，相较于传统的上传下达的工作模式，大大加快了信息的传播速度和辐射范围，提高了工作效率，促进了数字化校园的建设。

二、信息化加强了高校师生之间的沟通与反馈

高校大学生作为具有较高文化层次的特殊群体，在网络时代无疑也是受影响较大的重要团体。而信息化的应用给高校学生管理工作的开展提供了便利，也为进一步加强与学生沟通与反馈提供了便利。信息技术的发展和普及使低沟通成本的信息化手段迅速深入高校学生管理的各项工作中，高效便捷的信息技术在被一大群大学生所追捧使用的同时，在很大程度上提升了高校学生管理者与学生的沟通效率。目前，高校学生管理工作中使用的信息化手段很多，据调查显示，所有参与填写调查问卷的都拥有 QQ，很多同学还经常使用微信等其他信息化媒体。同样，很多高校的学生工作人员也看重了信息化手段能顺应目前信息时代主题，能够突破时间和空间的限制，在一定程度上迎合了目前大学生群体的沟通习惯，并且可以实现对学生一对一的沟通，呈现出了方便、快捷、高效的特点，在学生工作中予以了大量的应用。特别是高校辅导员，很多辅导员喜欢在日常管理工作中，使用 QQ 群、短信群发等方式加强跟学生之间的交流与沟通，信息化的手段给高校辅导员开展学生管理工作带来了很大的便捷。

微博、微信等网络新媒体所具有互动性、移动化、个性化、主动性等传

统媒体所无法比拟的优势，让它成了一种全新的传播技术，也越来越受到人们的喜爱。特别是目前在校的大学生，在本次对高校学生管理工作人员的访谈中，他们也都提到，高校学生特别钟爱微博、微信这些新媒体，如果能够利用新媒体来突破大学生思想政治教育工作局限，使人与人之间交流与沟通得以增强，那么针对大学生的思想政治教育的实效性定能大大提高。同时，由于网络等新媒体具有信息量大、共享便捷、传递快速的优势，在高校开展学生管理工作中如果可以利用新媒体及时传播时事资料、先进思想、先进案例等信息，学生管理工作者就可以将这些信息制作成自己喜欢的资料，使思想政治教育工作内容的更加丰富化、灵活化，这既能使大学生得以开阔视野、提升境界，又能使思想政治教育工作多样化，为学生管理工作的创新提供了难得的机遇。

三、信息化思维促进高校工作载体创新

学生管理工作信息化是高校工作的现代化和高效化的助推器。作为高校发展目标的学生工作信息化管理，它既是信息社会的一种表现，也是社会信息化的一个具体目标，管理信息化和学生人本主义教育协调发展机结合的学生信息化管理，有力推动了高校学生管理工作的现代化和高效化。

思想政治教育载体是指承载、传导思想政治教育因素，能为思想政治教育主体所运用且主客体可借此相互作用的各种思想政治教育活动形式。比如班会、讨论、电视、广播、各种社会活动等，教育者正是借助这些活动媒介对教育对象进行思想教育并与其进行双边互动活动，从而达到一定的教育目的。

传统的高校校园载体主要借助于交谈、书信、电话、报纸、广播、电视等来完成。但是这些载体已经不能适应信息化时代的要求，在信息化时代，互联网已经成为主要的载体，思想政治教育载体应与时俱进，与信息化协调一致已成为一种趋势。网络的虚拟性使学生在网上建立虚拟共同体、虚拟社区等。QQ、微信、短信、微博、网络心理咨询等越来越成为一种大众交流的方式。将短信、微博等新形式纳入思想政治教育载体的范畴，是当前信息技术迅速发展的要求，也符合思想政治教育载体与时俱进、多元化、宽领域的要求。这些新载体的出现是对传统思想政治教育载体的补充和发展。手机的使用在我国相当普及，已经成为生活必需品，每个人甚至不止一部手机，人们可以通过手机随时随地发信息、打电话，因此短信成为一种新的载体形式不足为奇。它突破了传统载体时间、地点的限制，学校可以提供不同的思想政治教育板块，那么学生就可以根据个性免费短信定制这些内容，随时随地

接受思想政治教育的熏陶。而微博也是随着信息化兴起的新兴产物，它借助了网络和手机两个平台，把微博作为思想政治教育新载体，更具有针对性和实效性，其最大的优势不仅在于用户广，还在于它的闪电式传播，一条有吸引力的信息能在短时间内遍及全球。

四、信息化创新高校人才培养模式

人才培养模式是指高等学校根据国家人才培养目标和质量标准为大学生设计的知识、能力和素质结构，以及怎样实现这种结构的方式。传统的高校人才培养模式强调模式化、专业化和统一化，普遍适用的还是家庭、学校、社会三位一体的育人模式。在这个模式中，家庭、学校、社会各自发挥自己的育人功能，力求每个环节都做到最好，但是三个方面缺乏信息的沟通和共享，不能及时了解每个学生的不同需求，不能因材施教、量体裁衣，真正实现学生的全面发展。而在当前全国信息化的大趋势下，信息社会中人类智能化的创造力得到普遍运用，这对人才的思考问题的方式、经济活动方式、社会实践产生了巨大的作用。高校培养人才必须与时俱进，符合社会不断变化的发展和需要，就必须不断提升职业素养和能力素养，熟练地掌握和应用计算机。可以根据相关专业知识对信息进行进一步分析果断，进行思维判断，科学实践，从而能对现代化的信息社会能够从容适应。大学的人才培养不是温室里的花朵，而必须投身于信息化的大潮中，从而让真正的高层次人才能够在激烈的市场竞争中脱颖而出，积极推进高校的信息化建设进程。现在高校信息化发展处于依托校园网络，继续加强和完善的阶段。传统的像产品制造一样的机械式人才培养模式早已跟不上时代的潮流，必将被信息社会所淘汰。我们应当抓住高校信息化建设的时机，促进人才培养模式的转变。同时，我们应该以人才培养模式的转变进一步带动高校信息化的发展。真正做到人才培养和信息化建设两者相得益彰，协同发展。

另外，网络时代的到来也极大冲击着大学生的思想观念，改变着大学生的行为方式。通过本文的调查结果发现，所有的大学生都会通过网络聊天工具进行交流，学校网站、微信、微博、QQ 群等是学生经常使用的了解各类信息的主要途径，信息技术在极大地丰富大学生的生活，为其学习提供便利的同时，不容否认其对于高校的学生管理工作造成了很多的麻烦，增加了管理工作的复杂性和难度。特别是在当前大学生心理问题频发的情况下，引发很多严重的社会问题，极大地损害着大学生的身心、健康，对于我国高等教育的人才培养工作造成了极为不利的影响。由于网络时代各种类型的信息都可实现快速传播，对于当代大学生的人生观、世界观等的形成也造成很大的冲击，一些不良信息对于大学生的思想行为产生了很多的误导，导致一些学生对于学习失去了兴趣，缺乏正确的动机，甚至沉迷于网络，脱离了现实社会，封闭自己，适应能力很差，导致大学生价值取向混乱，处理不好自己的学习与生活，增加了高校学生管理工作难度与复杂程度。

第二节　信息化思维给高校学生管理带来的挑战

一、信息化思维对高校学生管理的冲击

大学生的成长离不开社会发展的大环境，高校学生管理工作的研究同样应从社会发展大环境入手，找到对大学生产生影响的因素，而不能局限于高等教育本身。随着我国社会主义市场经济体制的逐步建设，大学生思想观念因受到国内经济成分、社会生活方式、经济利益、人们的思维模式、就业岗位、就业方式等呈现出多元化特点的影响，也发生了深刻变化。例如，大学生价值观念多元化，实用主义越来越严重，不能正确处理个人、集体、国家三者的利益关系，缺乏远大的理想和信念，责任感淡化，对现实生活较冷漠而对虚拟世界又高度热衷等问题给目前高校的学生管理工作带来了较大的冲击。

信息社会改变了大学生的学习生活和休闲方式。信息技术的普及一方面给高校学生管理工作提供了很大的便捷，但同时给学生管理工作带来了难度，尤其是信息网络的虚拟化如果不对其加以制约和管理，必将对大学生的身心健康产生严重的影响，最终导致大学生出现各种各样的社会和心理问题。同样，网络也致使少数大学生出现政治上是非不清、道德素质滑坡、责任意识淡化、心理素质不佳等各种问题。同时，在思想政治层面，信息化也对教师有效地开展有针对性的思想教育工作带来极大的难度。信息化时代信息传达和交流的不可控性使思想政治教育的过程更加复杂化。信息技术与网络所提供的信息资源共享和快捷便利的交流，同样也给高校学生管理带来了一定的冲击，高校学生正处于世界观、人生观和价值观的形成时期，容易受到外在文化的影响。网络的虚拟性使人与人之间的关系呈现间接性的特点。学生长期面对多媒体画面的人机对话交流方式容易使人产生精神麻木和道德冷漠，并失去现实感和有效的道德判断能力，从而影响正确三观的形成，甚至一些学生往往因为沉湎于网络环境而不能自拔。

同样，网上不负责任的言论引发出学生颓废、消极、缺乏诚信等病态心理，养成学生觉得无趣但又放不下的鸡肋心理，致使大学生的世界观、人生

观和价值观发生扭曲，任其在互联网这块虚拟时空里堕落，最终造成大学生在社会生活中价值取向紊乱，这让高校学生管理工作的开展更加不易。

二、管理人员素质对信息化思维管理模式的影响

高校学生管理信息化是以人为本的信息化，其根本宗旨应该是为学生成长成才而服务的，同样也是为学生学习和生活提供便利。而在现实生活中，如果高校在开展信息化过程中缺乏对学生层面的关注，往往导致信息化项目的本末倒置，致使学生对信息化产品漠不关心，甚至遭到排斥。高校学生对信息化、数字化的态度在很大程度上决定了学生管理信息化的成败，同样地，高校信息化、数字化校园建设对学生的信息化素养及素质层面提出了更高的要求。

随着信息技术的广泛应用，高校学生管理工作者信息化素养和高校学生管理信息化对工作人员要求之间的矛盾也日渐突出。一个高校的学生管理信息化能否顺利进行在很大程度上依赖学生管理工作者信息化能力的高低。虽然在前期的访谈调研中，调研对象都在“您自己感觉您使用信息化产品能力如何？”这一问题上都表示能够使用信息系统中一些常用的功能，但是他们还是觉得他们使用的功能在整个信息系统所提供的功能中占有比例还是比较少的。从目前情况来看，浙江省的高校信息化队伍建设存在两个方面的问题：一方面，管理人员信息管理意识不够，管理工作效率偏低。学生工作管理人员的信息技术水平在学生管理工作信息化过程中的作用是非常明显的，毕竟不管软件和硬件如何先进，如果他们信息化能力很低，不懂得或不愿意利用现代信息技术，那么信息化建设也无法取得成效；另一方面，在计算机技术高速发展的今天，各高校虽然都配备了专业的技术人员，但是专业计算机技术人员要在几个应用领域全面跟踪计算机发展的最新技术是非常困难的，甚至是不可能的。在高校实际中，他们往往被安排的工作不是了解本单位的实际业务，而是学习新的计算机技术。但是，如果他们不了解多个职能部门的业务情况，也就不能掌握协同办公的理念，更不能协调信息技术与实际业务的关系，进而提出完善的学生管理信息系统的建设方案。

三、信息化思维学生管理对现行管理模式的影响

高校学生管理信息技术应用制度仍需完善。虽然目前学生管理信息化还处于实践摸索阶段，发展历程较短，部分人员甚至不能很好地对其理解，但是任何一项工作如果没有制度的保障，其发展都不可能是一片坦途。信息技术的应用本应是提高工作效率，但由于制度上面的缺陷造成的管理人员在信

息技术应用方面良莠不齐，管理人员的工作流程和程序各不相同的现象很容易导致学生管理工作显得十分混乱，也不利于学生管理的正常发展。在高校开展学生管理信息化的过程中很容易出现多头管理等问题，再加上各个职能部门的目标不一样，职能部门在信息化建设中自立门户各自为政的现象也十分常见，这些问题都使教育信息化的基础设施不能发挥应有的积极作用，造成了设备重复购买，信息资源重复建设和利用率低，信息化标准和交换标准建设进展缓慢，资源的整合与共享难度大等诸多问题。

学生管理信息化缺乏部门间联动性，缺少有力的牵头部门。众所周知，高校学生管理信息化应是全校范围的系统化信息建设项目，并非只局限于学生处或教务处等单一的职能部门，它的存在也并不只是简单的信息录入与存储，更重要的应该是实现信息资源优化和共享。

四、软件与硬件配置需求分析

由于高校学生工作信息化建设涉及面比较宽，其不但包括办公微机、网络服务器、多媒体、电教设备等硬件设备，也包括学生信息管理系统等系列专用软件等，这些都需要大量的资金。而一些学校的领导对学生管理工作信息化的必要性认识不足、重视不够、积极性不高，缺乏对高校学生管理信息化建设的必要投入。高校学生管理工作信息化软硬件投入不足，首先表现在领导的学生管理信息化意识不强。由于高校个别领导缺乏战略性思维，没有意识到信息化在当前高校学生管理中发挥的重要作用，对信息化建设存在着可有可无的理念。即使存在开展信息化的想法，但是由于主观上缺乏对信息化一个全面的认识，最后也因为技术、资金等原因不能开展。

其次，高校学生管理信息化是一项巨大的、高投入的系统工程，不仅需要高端的硬件设备，还需要诸如防火墙、入侵检测系统等一定的软件支持才能发挥作用，这一切必须有足够的资金作为保障。同样，网络建成后的维护与管理、软件的开发与研制、设备的更新与升级，也都需要大量的经费作为后盾。因此，经费投入是高校学生管理信息化建设的前提条件。经费投入的多少在某种程度上决定了学生管理信息化建设的质量和水平。而部分高校不建立完善的资金投入机制，缺乏信息化建设和系统运行所需经费，最后只能是“巧妇难为无米之炊”。

五、学生对信息化思维管理的影响分析

以学生为本是高校学生管理工作的核心理念，也是学生管理信息建设的根本原则。在高校的学生管理工作中，根本目的是促进学生的身心健康成长

和综合能力的全面发展。但是，在高校的学生管理实践中，没有以学生为根本出发点和立足点，对于学生的关注程度不够，更多的是从学校的角度处理问题，这就造成了学校信息化建设偏离了正确的方向，使很多学生产生了不满情绪，甚至产生了抵制学校的学生管理信息化建设，大部分学生对于学校的信息化建设根本不关注，甚至绝大部分学生根本没有听说过学校管理的信息化，不了解学校学生管理信息建设究竟要干什么，为何进行学生管理的信息化，更不知道自己如何来配合学生管理的信息化。

学校能否有效地开展学生管理信息化建设，还依赖于高校学生对信息化、数字化的具体态度来直接决定的，从而也从信息化发展角度给大学生的信息技术水平提出了更高的挑战。通过本文的调查发现，约莫一半的大学生对于自己的信息技术水平和适应信息化管理的能力比较有信心，觉得基本上具备了这方面的能力，大部分学生可以对于学校的管理信息系统进行比较熟练的运用，但是只有极少数的学生会主动应用信息化产品进行学习。由此看来，高校学生现在的信息技术水平还不能很好地配合学校学生管理信息化工作，尤其是信息化产品的使用价值更是没有发挥出来。没有学生的积极参与和全力配合，再科学的信息管理系统也无法发挥其应用价值。很多学生不能正确地掌握学生管理系统的各种使用，导致这个管理系统的低效甚至无效。另外，从学校在学生管理信息化建设的技术人员的配备与管理实践中，也发现存在着一些问题。对于这些技术人员虽然需要掌握信息技术发展的新动态，积极地学习新技术，更好地为信息化管理服务，但是信息化建设还是需要紧密地结合学校的实际情况，立足于实际需求，不是盲目地采用最新技术设备，充分了解学校各个学生管理部门的职能与作用，设计系统完善的信息化建设方案。

第六章　信息化思维下高校管理队伍建设

第一节　信息化思维下高校管理队伍地位和作用

一、信息化思维下高校管理队伍承担着重要职能

高校信息化专业队伍承担着学校信息化规划、设计、建设、应用与推广等技术和服务职能。

（一）信息化的引领者和设计者

在高校信息化管理建设过程中，教学技术与网络中心起到的作用是比较大的，不仅要进行信息化思维下的管理建设规划制定，还要进行后期的任务实施。在高校信息化管理建设规划和实施过程中，还需要网络信息技术及多媒体专业人员的参与与合作。在具体的信息化建设过程中，必须在及时了解信息化发展技术动态的基础上，引进和应用先进的信息化规划设计方法，并将相关方法运用到具体的实施过程中，只有这样才能不断完善学校信息化管理建设方案。在大力开展科学研究和实践工作分析后，能及时明确信息化管理建设中的相关问题，并明确问题产生的原因，及时总结和深入分析，促进高校信息化管理建设工作的正常开展。

（二）信息化的支撑者和保障者

教学技术与网络中心具有信息化建设日常运行的保障职能。在学校信息化建设和全面应用过程中，一支责任心强、实践技术过硬的信息化专业技术维护队伍，负责排查校园网络、应用系统、多媒体教学设备、公共微机及校园内各终端出现的故障，确保信息化基础设施的正常运行和系统数据安全。在计算机技术、网络技术、多媒体技术等领域提供专业技术援助和服务，成为教育信息化的支撑者和保障者。

（三）信息化的指导者和管理者

对于高校教学技术与网络中心来说，是存在多种职能的，不仅具备信息化建设职能，还具备培训职能和指导职能，而且具备管理职能。在具体的信息化管理建设中，要想让师生等人员熟练应用信息化工具，必须采取有效的指导和管理措施。对于学校教师来说，要加大信息化教学培训力度，让教师了解和掌握信息化教学技术和工具的应用方法，实现网络信息技术和学科教学的有效结合，最终提升教学效率。针对教师培训来说，帮助和指导教师及时掌握新技术、新应用，将信息技术与学科课程有机整合，提高教学质量。针对全员培训来说，要通过培训，增强相关人员的信息安全意识，提高他们的信息素养。教学技术与网络中心是高校的教学辅助部门，不仅要管理计算机机房和多媒体教室，还要保证校园的信息安全。因此，对于学校网络技术人员来说，不但要具备专业化技术，还要有一定的管理意识，成为信息化教学管理的引导者。

二、信息化思维下高校管理队伍地位和作用

任何高校从办学到办好学，从小到大，从大到强，最关键的问题是质量。质量是高等教育的生命线。而提高办学质量最关键的是教师，教师队伍建设是关键。教师队伍的整体水平标志着一所大学的办学水平。师资队伍质量的高低，是高校教育教学质量的根本保证，师资队伍建设的好坏，是决定学生培养质量高低的决定性因素。法国教育家埃米尔·涂尔干说：“教育的成功取决于教师，教育的不成功也取决于教师。”

没有教师，不能成为学校；没有高素质的教师队伍，就没有高水平的办学质量。教师承担着全面贯彻党的教育方针的重大职责，肩负着办好人民满意教育的重要使命。因此，一所学校办学水平的高低主要取决于教师水平的高低，一所大学育人的质量如何，在很大程度上取决于教师的质量。高校作为国家培养创新人才的一个主要基地，是否有一支强有力的教师队伍和一批拔尖创新人才做后盾，将决定能否培养出一批又一批高素质的并且能够将所学知识创造性地运用到经济、社会和各项事业中的高智能的创新人才。

高校教学管理的核心是教师队伍建设。教师是组织与实施教学内容的主体，是教学活动的组织者、实践者，是教学方法的设计者、实施者。一流的教学内容、一流的教学方法、一流的教材、一流的教学管理，首先需要有一流的师资队伍。在高校的教学建设中，教材、教法、教师“三教”关系处理的核心在于教师。在教学过程中，有效把握和正确处理知识传授与人才培养关系、教材与教学内容的关系、科研与教学的关系等，每个环节都离不开教

师的参与和作用的发挥，起决定性作用的是教师。

通过建设师资队伍，不仅能极大提升高校教学质量和管理效率，还能促进高校的后期改革和长久发展。大量实践结果表明，通过建设一支综合素质足够高的教师队伍和管理队伍，可以从根本上提升高校办学水平，提升学校教育质量，促进高校人才培养工作的有效落实。

高校管理队伍的地位和作用，是由管理工作在高校中的重要地位和作用决定的。管理是各项事业成功的关键。管理出动力、出人才、出效益，这已成为人们的共识。美国当代管理权威德鲁克说："所谓发展中国家，并非发展落后，而是管理落后。"实践证明，高等院校的师资、生源、经费、设备、技术、校舍、环境等"硬件"建设固然是办好学校的重要因素，但还有一个重要因素，那就是"软件"建设，就是人们科学地组织、管理、运用"硬件"，使其在相互联系中充分发挥相关作用，以保证实现学校整体工作的最佳效益和根本目标。高校管理工作的根本任务是要把自然的人，培养成德才兼备、又红又专的社会主义事业建设者的接班人。高校管理工作在教育人、培养人的过程中，具有特殊的地位和作用。简言之，它是通过对人的管理而达到教育人、培养人的目的。具体来说，高校管理系统是"人一人一人"系统。开头的"人"指的是教育者——教师，末尾的"人"指的是被教育者——学生，中间的"人"指的是从学校领导到一般职员的广大管理工作者，他们处于中间的环节，具有桥梁和纽带的作用。高校管理工作者的最重要的作用，就在于通过科学的、系统的、有效的管理工作，把教育者和被教育者，即教师和学生有机结合起来，充分调动和发挥"教"与"学"两个方面的积极性和创造性，最大限度地提高教育质量和办学效益，为造就更多、更好的适应新时代要求的社会主义事业建设者和接班人而做出贡献。此外，高校管理工作本身还具有直接的"育人"功能，管理人员在"育人"方面具有不可替代的重要作用。

第二节　信息化思维下高校管理队伍现状及存在的问题

一、高校管理队伍专业化程度不高

高校管理队伍专业化是指一批能够掌握高校管理专业知识、具备较高的专业工作能力、相对稳定的职业化管理队伍。这样的一批队伍是实现高校管理专业化的保障，直接影响着高校管理和教学工作的效率和水平。建设具有专业化的高校管理队伍也是高校实现科学管理的要求，有利于提高高校的管理效能，而科学管理能够有效促进管理者的职业生涯拓展的空间，增加管理人员的积极性和创造性。在当前由于对专业化的认识不足，以及对高校管理工作和队伍建设的重视性不够，导致目前管理人员在专业化建设方面存在着诸多的问题，主要表现为以下几个方面：缺乏现代的管理观念，管理理念陈旧，缺乏科学的管理知识，习惯凭借个人经验来进行管理工作；管理人员知识结构不合理，学历水平普遍低于教师队伍，降低了管理者的威信力和学校的凝聚力；管理人员专业学术水平低，专业知识不足，降低了为教师队伍提供支持的服务水平；管理队伍职业化水平低，管理队伍中大部分都不是专职的，没有受到过系统的管理学或高等教育的训练，不能适应高校科学管理水平。

二、高校管理队伍建设缺乏科学的管理制度和机制

在当前的一些高校管理队伍建设过程中，还有应用传统化观念和方法的现象，学校已经习惯于应用以往的方法加强信息化建设及信息化管理，并且在具体的机构设置及人员编制问题上，无法及时解决，无法组建出专业素质较高的信息化建设队伍。

首先，目前各高校都已经改革人事制度，实施分岗位设置管理制度，挫伤了管理干部的积极性。管理岗位与专业技术岗位相比较，发展的空间狭小，晋升的机会较少，而且由于工资待遇是按照职员职级来确定的，因此管理岗位的待遇要相对低于技术岗位。其次，目前的考核制度很难对干部能力做出全面准确的评价。对干部的考核一般形式如民主推荐与测评、个别谈话、请群众评价等方式，在定量与定性方面缺乏科学的指标，导师考核内容模糊笼统，结果大同小异，难以激发干部的责任心。再次，干部流通与竞争选拔的机制不健全。高校内部存在着干部能上不能下、能进不能出的现象，因此干部在高校中处于流动静止状态，更遑论干部轮岗了。而在不同的高校之间，或者高校与党政机关之间的交流也非常有限，不少优秀干部，由于学校对外交流闭塞，而内部消化能力又不足，而不得不在同样的职级上工作多年，挫伤了工作的积极性。最后，高校的用人选人机制不健全，没有制定出系统的、切实可行的竞争性选拔干部的具体措施和办法，导致有些优秀人才得不到发展的机会。

三、教学管理信息化建设经费投入不足

对于高校教学管理信息化工作来说，其属于一项较大的工程，在这个工程建设中，不仅需要加强基础设施建设，还需要加强教学信息资源建设。在

最初的教学管理信息化建设阶段，需要的资金往往比较大，高校具备一定程度的经费保障。但在我国很多高校中，都存在办学经费不足的问题，这样就会导致教学管理信息化建设工作无法落实。

四、教学管理内容的信息化含量和程度不高

在教学过程的组织上，多媒体技术特别是网络技术还没有得到广泛的应用。在教学行政管理手段上，网络化、智能化普及面窄，管理效率低下。软件重复开发，数据不能共享，信息资源建设滞后，建设上缺乏协调和合作，分散了信息资源建设的人力和物力。教学管理人员信息技术应用能力水平较低，信息管理能力不足，网络技术、智能技术还未能在实际工作中得到普遍的应用。

五、高校管理人员个人综合素质有待提高

首先，高校管理队伍个人素质问题体现在政治素质方面。这是指从事高校管理工作所必备的政治立场、观点和品质。一些管理干部的理论水平不够深厚，学习主动性和自觉性不强，在思想道德与党性觉悟方面也有一些不足。

其次，管理理论和水平专业性缺乏，同时对高校管理规律缺乏认识和研究，学习能力不够，更缺乏创新，不能适应新形势下管理工作的要求。另外，管理人员的服务意识薄弱，“官本位”思想和特权意识膨胀，官僚思想浓厚；并且高校机构臃肿，层级节制的官僚机构也对其服务能力造成损害。

六、认识上存在误区

首先，高校突出教学工作，强调教师和学生的主体地位多一些；其次，只要求教学质量和学校下达的各项任务的顺利完成，至于管理人员的素质怎么样、任务完成的水平高低等重视不够；最后，在管理上只要求按章办事，按传统模式管理的较多，开拓、创新方面不够，对高层次管理人才需求迫切性低等。

由于存在以上观念或看法，人们往往把高校管理人员当作学校中的附属者，认为是那些教不了书的人才去搞管理，因此长此以往，会出现不同程度的管理岗位人员年龄老化，学历层次偏低，知识结构不合理，创新意识不强等，加之长期不为人们所重视，或重视程度不够等问题，造成许多高校管理队伍整体素质较差、管理水平较低，管理效率、水平不高等状况。这些症结已日益制约着高校素质教育的实施，严重影响着学校的管理质量和管理水平的提高。

七、重使用，轻培训

从事高校管理工作的人员来自各种不同的岗位，具有不同的专业背景，多数人没有接受过管理学、教育学方面的基本理论的培训，又缺乏必要的继续教育时间与机会。由于从事日常管理，每天忙碌于繁重的事务性工作中，年复一年，他们只是凭着良好的愿望和有限的经验进行管理，甚至采取古老的师傅带徒弟的办法进行“传、帮、带”，缺乏运用现代方法去思考和管理新形势下的高校的能力，其管理水平根本不能适应高校建设发展的要求。

第三节　信息化思维下高校管理培养措施和方法

一、认识到高校管理队伍建设的重要性，加强专业化队伍建设

认识到高校管理队伍的重要性是进行管理队伍建设的首要任务，要明白为什么需要高水平的管理队伍，以及高校究竟需要怎样的管理队伍。“所谓专业是指一群人在从事一种需要专门技术的职业，专业是一种需要特殊智力来培养和完成的职业，其目的在于提供专门性服务。”要改变过去忽视管理队伍建设的错误观念，更加重视高校管理队伍的重要性，并通过切实措施，制定有效规划来实现管理队伍建设的专业化提升。

为了加强管理队伍的专业化建设，提高管理队伍的整体素质，首先，应当实施职业资格证书制度。“职业资格证书制度是国家对各个行业从业人员规定的职业准入制度，它要求管理人员必须具备管理的实践经验，经过严格的职业培训，丰富的专业知识等较高的综合素质能力。”同时，建立高校管理人员职业资格证书定期培训制度，并进行严格考核，不合格者取消其证书，以保证管理者从业能力的不断提高。其次，应该构建管理人员培训体系，要有针对性地，根据各个岗位、职位层面的不同来采取不同的培训方式，同时促进管理者将学习的知识合理地运用到高校管理工作中，以知识来指导实践，促进管理者的知识水平和管理工作水平的提高。

二、保证高校管理科学化

在经历了连续几年的扩招后，高等教育的规模迅速扩大，高等教育已经跨入了大众化阶段；以高教园区建设为特征的高校基本建设取得重大突破，高校的总体办学条件进一步改善；高等教育对外开放进一步扩大，高等教育国际化进程进一步加快；高等教育管理体制改革与高等学校布局结构调整工

作基本完成，一批高校通过适当的方式实现了合并重组，使得合并重组后的高校规模扩大，学科更齐全、更综合，发展潜力更大。

但是，高等教育在改革和发展中也存在着许多矛盾和问题，主要包括高等教育与经济社会发展还不够协调，体制改革、机制创新与市场经济发展要求还存在差距；高校办学经费不足，债务沉重，同时经费投入效率不高、资源闲置及财力、物力的浪费问题又在一定程度上存在；教师队伍总量不足，高层次优秀人才缺乏，同时教师队伍的不稳定问题又越来越困扰学校的领导者。存在这些矛盾和问题的原因是多方面的，但重要的原因之一是一些高校在着力抓扩招、抓建设时在一定程度上忽视甚至轻视学校的管理，突出表现为对学校的改革和发展缺少战略思考和整体规划；学校内部管理制度不健全，无章可循、有章难循，特别是有章不循的现象比较普遍，决策和管理主要凭经验、靠个人意志，主观随意性较强，科学化规范化水平不高；片面强调管理就是“服务”，忽视甚至轻视管理的组织、协调功能。

要想提升高校的办学水平和质量，必须提升高校信息化管理的水平和质量。在高校办学过程中，师资、生源、设备、经费等都是不可缺少的，但要想从根本上提升高校办学水平，必须不断创新和完善信息化科学管理方法，在结合高校客观发展规律的基础上加强高效管理。

现在，我国的高校教育发展正面临着新的转折点。在高校招生不断稳定化和改革化的基础上，高校教学发展的核心必将被移到科学发展和科学管理上来，这样一来，不仅为高校管理水平的提升提供了契机，也给高校管理提出了更高的要求。

（一）树立科学的管理理念

管理理念是管理者对管理所持的信念和态度，是对管理的理性认识和理想追求。科学的管理理念是科学治校的先导。高校的管理者应深刻认识和掌握高等教育的发展规律及管理自身的运行规律，全面分析学校的内部环境和外部环境，对办什么样的学校和怎样管理学校做出理性的全面的思考；应树立“管理是科学、管理出效益、管理是生产力”的理念，自觉运用科学的管理理念指导学校管理工作的实践。

1. 树立系统理念

高校既应把自身作为社会大系统的有机组成部分，不断强化社会责任感，积极履行社会职能，为促进经济的持续健康发展、维护社会的协调运行和动态平衡做出应有贡献；又应把自身的管理看作一个系统工程，自觉运用现代管理科学系统论原理来实现学校管理组织的系统化。应整体规划，统筹兼顾，使系统的内部结构有序、合理，与外部关系协调，通过协调使有限的人力、财力和物力合理、协调地统一使用，以发挥最大的效能。应科学地认识高校管理系统的层次性，自觉地按层次进行管理，使管理的各层级、各机构及其工作人员各就其位、各司其职、各行其权、各尽其责，保证系统高效率地正常运转。

2. 树立以人为本的理念

现代管理理论已不再把人视为“工具人”“经济人”“社会人”，而把人视为“资源人”，强调以人为本。高校是高层次人才的集聚地和培养地。高校的教育者大多学历层次较高，他们具有较强的社会责任感，更加注重精神上的追求和待遇，更加关注个人的发展机会；高校的受教育者作为培养对象，是正在形成的高层次人才。因此，高校的各项管理工作更应体现以人为本的价值取向，尊重人、依靠人、为了人，凝聚人的力量，提升人的素质，开发人的潜能，促进人的全面发展，以集聚更多的高层次人才，培养更多的全面发展的人才。

3. 树立依法办学的理念

在具体的办学过程中，高校相关行为是受法律监督管制的，高校必须主动配合法制部门的管理，还要把法治精神带到院校管理中，通过完善和严格执行校内规章制度，可以从根本上维护好校内规章制度的权威性，实现校内管理和运行的规范化。

（二）构建科学的管理组织

组织就是具有一定的共同目标和一定的活动规范的社会群体。高校作为实施高等教育的社会组织，其组织结构较复杂，内部分工在很大程度上与学科有关，组织成员的智能水平较高。因此，构建科学的管理组织对提高高校组织系统运行的有序性、提高工作效率更具有现实意义。

1. 创新组织结构，完善权责体系

坚持和完善党委领导下的校长负责制，科学、合理地配置校党委、校长、学术委员会、教职工代表大会的权力，使其既相互配合，又相互制约，以保证学校组织系统运行的规范、有序、健康、高效。应正确处理党政关系，校党委着重抓重大问题的决策、抓制度建设、抓保证监督，支持校长独立负责地行使职权，同时强化对学校行政工作的监督，保证其依法办学、按章办事，防止滥用职权和行政不作为，以改善和加强党委对学校工作的领导；应正确处理校长负责和民主管理的关系，适当扩大院（系）职权，强化院（系）职能，尊重和支持教职工代表大会和学术委员会依法履行职能，充分发挥他们在学校民主管理、学术管理中的作用，以实现学校管理的民主化和科学化；正确处理学术自由和行政调控的关系，在学术事务的管理中应尊重学术权力，不应脱离学术权力的支配而行使行政权力，更不能以行政权力代替学术权力，以保证学术管理的科学化和权威化，同时坚持正确的政策导向，正确运用行政权力和政策“杠杆”，强化行政调控，以提高行政效率。

2. 完善组织管理制度，用制度约束干部的行为，规范权力的运行

既应对学校组织结构中各权力主体的职权划分等做出制度安排，又应对组织结构中各组成部分内部的机构设置、职权划分、人员编制及各级各类人员的岗位工作规范等问题做出具体的规定；既应根据党的方针政策和国家的法律法规，结合学校的实际，制定贯彻落实党和国家有关规定的更具针对性、操作性的具体规定，又应在不违背党的方针政策和国家法律法规精神的前提下，遵循高校的办学规律，总结高校改革发展的经验教训，研究制定指导和规范各项管理工作的规章制度，以及应对学校改革发展中遇到的新情况、新问题，创新生成新的规章制度；既应进一步完善实体性规章制度，又应重视程序性规章制度建设，更应重视保障性规章制度建设，用制度保障对违规行为的处理和纠正。

3. 探求科学的管理方法

要想促进信息化管理建设工作的快速落实，高校必须在结合内部管理情况的基础上，不断创新和完善信息化管理方法，要通过管理创新，改变以往落后的办学状态，还要在结合社会发展需求和市场发展需求的基础上，适当调整和增设新专业，及时修改和完善人才培养方案，还要通过加强科研课题立项等，强化市场意识，挖掘信息化管理资源的潜力，最终提升办学水平和办学效益。另外，在具体的信息化管理过程中，不能一味地依靠个人经验进行管理，不仅要应用科学合理的管理方法，还要严格遵循相关制度和标准加强管理。

三、树立全面的信息化教学管理观

（一）必须确立以现代教育理论为指导的教学管理创新理念

推进教学管理信息化还必须进一步解放思想，以现代教育理论为指导，以变革传统的教育思想为先导和动力，实现管理创新。信息化的教学管理创新，要求教学管理主体对传统的教学管理理念、教学管理模式、教学管理方法和手段进行客观分析和取舍，根据知识经济时代对人才培养的要求，充分吸收借鉴校内外教学管理改革和实践的有益经验，探索与知识经济时代教育

改革发展相适应的教学管理新路子。

（二）必须强化五个方面的教学管理观

第一，在人才培养模式上需要强化的观念：培养厚基础、宽口径、复合型、能创新的高素质人才；把素质教育、创新教育贯穿于人才培养的全过程，坚持通识教育与专业教育并重、学问修养与人格修养并重、知识能力与素质并重：针对不同教育对象因材施教，实现人才培养模式多样化，而人才培养模式改革必须落实到课程体系、教学方式和管理方法等方面；第二，在学科专业建设上需要强化的观念：学科建设是高校建设中一项综合性、战略性的建设工作，是高校建设的龙头，是高起点的科学研究和高质量的人才培养的基础；当代科学技术迅猛发展，使各类学科既高度分化，又高度综合，学科之间交叉、融合是信息技术发展的必然结果。

（三）在教学过程组织与管理上需要强化的观念

制定教学大纲和教学内容要努力体现以信息资源为基础的改革思想；课堂教学要积极引进现代教育技术，要实现网络进课堂，扩大课堂教学信息量，提高学习的效率；在实践性教学环节上，要积极创建实践基地，实现实践基地网络化。

（四）管理注重效率

在高校信息化教学管理过程中，要想真正管理出效益，就必须进行科学合理的教学行政管理，通过加强教学行政管理，可以从根本上提升高校信息化管理效率。具体来说，在高校教学形成管理中，要明确教学行政管理运行机制，还要建立有效的信息渠道，实现网络信息技术和信息服务的有效结合，并加大技术创新及服务创新力度，在提升教学行政管理效率的基础上，促进高校信息化管理建设的有效落实。

（五）在教学质量管理上需要强化的观念

教学质量是高校办学水平的综合反映和集中体现，也是高校的生命线。要建立和完善教学质量管理信息化体系，实行全方位、全过程的教学质量管理。要充分利用各种信息渠道，制定教学质量评价标准，做好教学评价工作，建立健全教学质量监控与保障体系。

四、在运行机制上必须转变教学管理职能

教学管理信息化不仅涉及观念的更新、资金的投入、技术的变革和管理

队伍水平的提高，还涉及教学管理组织结构、管理体制、运行机制的变革问题，需要把教务处从繁杂的日常事务性工作中解放出来，建立一套与信息化相适应的教学管理体制。在传统的教学管理体制下，以教务处为主的教学管理职能部门作为教学管理的指挥中心和管理中心，陷入繁杂的日常事务性工作中，"全校教务是一家，天天加班很正常"，无暇顾及教学信息的建设，没有畅通的信息渠道，缺乏信息反馈机制。而教学基层单位缺乏教学管理的自主权和信息处理能力，始终处于被动地位，严重影响了教学管理信息化的实施与建设，以致教学管理效率低下。

要尽快实现日常办公自动化、教学管理科学化。通过教学管理体制改革，建立起以院系管理为主的教学管理体制，下放管理权，扩大院系办学和管理的自主权，利用网络召开电子会议、传递机关文件，尽可能减少集中开会、公文旅行，提高对一线教学、科研信息的收集、处理能力，把领导和机关的精力集中到研究解决重大问题的决策上，努力实现决策的民主化、科学化，拓宽广大教师、学生参与院校管理的渠道，利用校园网设置领导信息、留言板，通过电子邮件、联机交互交谈等方式，提高民意在管理中的参与度，决策更加科学民主。成立教务中心、教学信息中心、学籍管理中心、教学质量评价中心等机构，出台相应的教学管理制度，加强信息反馈功能，提高对日常教学活动的信息监控和反应能力，实现信息管理的分流。通过教学管理体制的改革，可以实现教学管理职能的转变，教学管理职能部门从原来的全方位、全程式的计划管理转变到宏观调控和增强服务上，从而使教学管理部门有更多的时间和精力从事教学管理信息化工作。

五、研制科学的教学管理信息处理系统

在具体的高校教学管理信息系统建设中，不仅需要专业化的信息技术，还需要充足的信息化资源，高校教学管理信息处理系统的建设，归根结底是信息技术和信息资源的有效结合。因此，必须把网络信息技术和资源带入教学管理中，还要加大对智能化信息技术的应用力度，建立现代化技术平台，为实现高校教学管理的智能化提供重要依据，并提供必要的技术支撑。

信息资源的开发与建设是教学管理信息化的核心内容，也是教学管理信息化建设的基础。教学管理的信息资源主要有专业信息、课程信息、学生信息、教师信息、教学条件信息、教学档案信息、教材信息等。这里就要求我们对信息的编码进行规范，依据国家、部委、有关上级主管部门已制定的编码原则及结合本校的实际情况，教务处会同学校行政办公室、人事处、资财管理处、学生处、科研处等有关职能部门进行统一制定。对部分软件开发，

应根据学校的教学特点提出教学与管理需求，学校进行招标引入企业竞争机制，由校方与公司人员共同组织，在统一的数据库平台下开发。这里特别要强调的是要重视系统安全性，建成后的教务管理数据库是教务信息的枢纽，一旦遭到破坏会影响全校教务管理工作的正常运转。因此，要重点防范来自网络上的对软件和数据库的破坏，防范网络“黑客”和“病毒”的攻击。同时，对重要的数据要经常备份，以防万一。

第七章　互联网信息时代高校教育管理模式的发展趋势及重要性

第一节　互联网信息时代高校教育管理工作的发展趋势

一、重视互联网媒介素养教育

（一）加强大学生网络媒介素养教育的必要性

虽然部分教育界及学界人士已经意识到网络媒介素养教育的意义和价值，但总体而言，我国的网络媒介素养教育依然处于初级阶段，具体表现为以下三个方面。

1. 缺乏公共政策的制度保障

大学生网络媒介素养教育作为一项亟待开展的系统工程，需要政府部门牵头制定相关公共政策，对该项工作的技术支持、经费保障、协调推广、具体职责等进行顶层设计和统一规划协调，建立覆盖课堂教育、社会教育、家庭教育的全方位、立体化的教育体系。

2. 缺乏课程体系建设和规划

目前，国内大部分高校未将大学生网络素养教育课程纳入教学大纲中，未明确要求学生掌握媒介素养基本知识和能力，未开设与媒体传播运作、媒介内容赏析批判、传媒法规与伦理等方面的课程。事实上，将媒介素养教育纳入高校课程体系建设，要求学生通过修习指定课程掌握有效获取媒介讯息、了解媒体运作功能、批判选择媒体传播内容、制作传播媒体作品等，是提高大学生媒介素养和综合素质的重要途径。

3. 缺乏科学调研和系统研究

目前，国内对于媒介素养教育的研究主要集中在介绍西方媒介素养教育开展情况、媒介素养基本内涵及认知、媒介素养教育的重要性等方面，缺乏对国内大学生开展网络媒介素养教育的科学调研和系统研究，缺乏符合我国国情和大学生特征的教材和教育宣传片等。

在“参与式”文化下，结合我国国情和高等教育发展现状，加强大学生网络媒介素养教育培养，可以从顶层设计、课程配套、队伍建设、课程设计、实践结合五个环节入手，构建具有现实针对性和可行性的网络媒介素养教育体系。

（1）顶层设计。政府管理部门通过相关政策的制定执行，将网络媒介素养教育纳入教育规划体系和公民教育体系，明确网络媒介素养是新时期必备的公民基本素养。约翰·庞甘特在调查世界各国媒介素养教育实施状况后认为：“媒介素养教育成功的要件包括教师的教学意愿、学校行政的支持配合、培训机构的师资设备、常态持续的培训、专家的支持、充分的教学资源、教师自发性成长团体运作。”为保证我国媒介素养教育有效开展，政府管理部门必须发挥顶层设计和统筹协调作用，通过加强宣传教育，净化网络舆论空间，引导公民了解并自觉遵守网络法规和伦理；通过制度保障、经费投入、政策支持等手段，统筹协调高校、研究机构、新闻媒体、民间组织等社会资源，为大学生网络媒介素养教育工作的开展提供必需的政策支持、物质支持、智力支持，促成政府统筹、高校主导、社会参与的网络媒介素养教育体系的构建和完善。

（2）课程配套。高校加强网络媒介教育课程开发管理，将相关课程纳入人才培养规划和课程建设体系。学习借鉴欧洲各国和其他国家地区的课程设置方式，采用专业课程、课程融合、跨学科整合、主题教学等课程模式。例如，德国将媒介素养教育融入计算机课程中，借此引导讨论社会政治议题；我国台湾地区将媒介素养教育与哲社课程相融合，注重学生的情感体验和互动参与。

（3）队伍建设。重视高校教师媒介素养能力的提升，将媒介素养纳入教师考核体系。媒介素养不仅是专业课程教师必须具备的基本能力，也是其他专业或学科教师、行政人员所必须具备的基本技能，包括感知理解媒介的能力、选择整合媒介内容的能力、利用媒介创造传播的能力等。提升高校教师媒介素养的根本目的在于使教师通过教学科研活动，将认识、理解、整合、批判媒介的基本素养在潜移默化中传授给学生，提升学生的媒介素养。高校可以通过完善优化现有考核体系，检验教师课堂教学和科研工作中体现出的媒介素养水平，以及授课过程中的媒介使用能力、利用媒介制作传播教学内容的能力、媒介整合和信息选择能力等，并对教师是否注重课堂内外学生的实际参与和互动体验进行重点考核

（4）课程设计。将媒介素养教育与第二课堂教育相结合，在社会实践、志愿服务、科研创新等方面加强网络媒介素养教育。“参与式”文化体系所具有的注重个人体验和互动参与特性，与大学生第二课堂教育相得益彰，契合了其文化育人实践育人、环境育人的理念。例如，引导学生利用网络媒介获取、创作、传播信息，选择网络媒介平台进行项目和实践的宣传，以网络媒介素养为研究对象开展研究，利用网络媒介开展社交，提高团队及项目知名度，在实践中提升并检验自身的媒介素养能力。

（5）实践结合。鼓励扶持对网络媒介素养教育的科研工作，在课题申报、征文、竞赛中予以重点关注，鼓励高校思想政治工作者、专业教师、行政人员开展网络媒介素养研究，并对具有一定研究价值的项目给予扶持，推动研究成果转化。对研究者给予技术、资金、物质等方面支持，提供平台鼓励研究者开展对外交流合作，学习借鉴其他国家或地区的有效经验，推动我国大学生网络媒介素养教育的开展。

（二）互联网时代我国大学生媒介素养教育存在的问题

新媒体语境下大学生媒介素养存在着诸多问题，主要原因就在于我国媒介素养教育的长期缺失。要想除此沉疴积弊，不仅需要加强完善对新媒体的监督管理体系，更重要的是调动社会、学校、媒体与家庭四个方面的联动作用，构建四位一体的媒介素养教育体系。

1. 高校媒介素养教育的缺失

高校的教育是大学生提高媒介素养最直接有效的途径，但目前我国大陆地区高校普遍不重视大学生的媒介素养教育，教学实践基本处于空白。尽管我国对媒介素养教育的研究已有多年历史，但仍然停留在理论阶段，没能从我国媒介生态的大环境中对媒介素养教育实践提出有益的建议。

在实践中，只有少数大学生能通过有限的校园媒体资源去参与、体验媒介的运作，同时过程中缺乏专业老师的指导和培训，基本处于自发状态。在理论上，除了传媒相关专业学生外，学校很少面向其他专业学生开展关于媒介素养教育的相关课程或讲座。

2. 新媒体中“把关人”作用的缺位

教育并非一定来自课堂，大学生对媒体的接触、实践也是一种间接受教育方式。新媒体所提供的价值取向，无论是对信息价值的判断或对事件思考方式的提供，都会潜移默化地影响大学生对于客观世界的认知判断，甚至为他们形成价值观提供参照。在新媒体环境下，传者、受众的界限模糊，“人人都有麦克风”、人人都是“把关人”，但是专业素养的缺乏使得信息的真实性和质量难以保证。值得注意的是在新媒体中是否进行把关，更多的不是能力问题，而是态度与观念问题。为了获得眼球经济，争取更多的受众，网络媒体的信息筛选加工往往只看市场标准，使得许多虚假、媚俗的信息充斥其中。新媒体公信力的降低和“把关人”的实际缺位，给大学生带来了负面影响，还会使他们形成重物质享乐、轻责任理想的风气。

（三）针对新媒体环境下我国大学生媒介素养存在问题的解决措施

为了提升我国大学生的媒介素养，针对新媒体环境下大学生媒介素养存在的问题，汲取外国先进的媒介素养教育成功经验，我们可以尝试从以下几个方面着手。成果是寓于长期、持续的教育中的。这两者之间的矛盾，揭示出我国媒介素养教育难以形成规模的社会历史根源。

此外，我国媒介资源有限而人口数量庞大的现状也使媒介素养教育的推行缺乏硬件支持，难以形成一定的规模和体系。同时，媒介素养教育缺少政府部门政策制度的支持和推行媒介素养教育的专门机构，这也是社会各界对媒介素养教育的紧迫性和重要性无法形成正确认识的根本原因所在。

1. 学校方面

（1）开设媒介素养教育课程，建设高素质媒介素养教育队伍。媒介素养是一个新的课题。目前，我国的媒介素养教育实践经验还未完全找出一条适合本国国情的道路。大学生对于媒介素养这一名词既熟悉又陌生，对于媒介素养教育学科的含义也缺乏较为理性的认识。在大学教育中导入媒介素养教育课程，结合各高校的优势力量，是解决大学生媒介素养问题最有效、最科学的方法之一。高校在课程的设置上，可以采取专门开设实践性课程与多元理论性教育课程相结合的模式。除此之外，学校还可以通过举办相关讲座、辩论会等活动，以不同形式促使大学生树立正确的新媒体观念。

（2）营造媒介教育氛围，进行媒介素养宣传。媒介素养要进入校园，融入大学生的生活中，这需要一个大家认识和认可的过程。因此，大学校园应充分利用自身传播知识和文化的优势，加大对媒介素养的宣传力度。校园广播、电视台、报纸、期刊、社团等都是校园媒介素养宣传的舆论阵地，它们作为在校学生的精神环境，对大学生有着不可替代的潜移默化的影响。所以，加强校园媒介素养宣传，就要形成全方位的校园舆论环境，利用各种媒介形式和手段，营造良好的媒介教育氛围。

（3）充分利用大学校园资源，增加媒介认知。调查显示，很大一部分的大学生较少参与到媒介信息的制作与发布中，这无疑给媒介工作蒙上了一层神秘的面纱。传媒作为一种合理存在并蒸蒸日上的事物，它的内容和灵魂在大学生当今的生活中是无孔不入的。大学校园有着各式各样的教育、学习工具。校报、校园广播电台、电视台、校园微博等都是大学生可以接触并参与其中的媒介资源。高校应充分鼓励大学生利用校园媒介资源，如建立校园校报编辑室，让学生亲自去采集、编辑、制作和发布信息；开设校园微博，建立校园微博管理委员会，让学生参与到微博的创造、传播和管理的一系列过程中。

2. 媒介方面

（1）媒体和大学校园合作，为大学生提供实践平台。媒介素养教育与媒介实践是双向互动的，大众媒介应与大学校园“联姻”，为大学生提供更多的实践机会。例如，媒体与校园联合发起一次“DV 校园新闻制作”大赛，媒体专业人士走进大学为学生提供专业指导，大学生从拍摄、加工到制作全程亲自参与，最后评选出优秀的作品在媒体的某一平台播出，使同学们在获得成就感的同时能收获到相应的媒介知识。网页制作大赛、校园新闻制作大赛等无疑都可以成为媒体与校园合作的最好形式。与此同时，学校还可以定期邀请知名主持人、经验丰富的编辑人员、记者等走进高校，与学生们进行面对面的交流互动，增加大学生们对于媒体的感性认识，消除大学生对于媒体的陌生感。只有这样，才能不让大学生被媒体的形式和内容“牵着鼻子走”，成为媒体的理智消费者，而不是单纯地鉴赏、浏览传媒发布的信息或仅仅热衷于新传媒所带来的新感觉。

（2）媒体发挥“把关人”的作用，提高自身的公信力。媒体在信息生产和信息方面应扮演好“把关人”的角色，各式各样的传媒文化给大学生的价值取向会带去强烈的冲击，在很大程度上影响着他们的人生观和价值观。面对大千世界芸芸众生中纷繁复杂的各种信息，媒体往往掌握着这些信息能否发布和传播的选择大权。媒体理应帮助大学生认识社会、积累知识，使每位大学生在媒体所传递的正确价值导向中耳濡目染地逐步得到提高。因此，新闻工作者就应努力提高理论水平，努力提升自身的采编写基本素质，同时要坚持正确的舆论导向，以正确的舆论引导大学生，这样才能引导那些辨识能力低的大学生认清真实的信息。最后，媒体从业人员必须具有职业道德，对自己职业行为所产生的社会作用和社会意义承担相应的责任。

二、构建专门的网络平台

（一）高校网络平台构建的有利条件

1. 时代发展的需要

在互联网迅速发展的时代背景下，网络已经与人们的生活息息相关，其用户群数量大、覆盖年龄范围广，影响力正随着时间的推移逐渐凸显，它以其特有的平台特性默默地影响着人们的价值观念和思维方式，以其资源丰富的特点改变了人们的学习方式，以其高效便利的特点改变了人们的交往方式。中国互联网络信息中心（China Internet Network Information Center，CNNIC）第 29 次调查统计数据显示，大专及以上的学历人群互联网使用率最高达 96.1%，目前已基本饱和，成为互联网普及率中最高的群体。因而，高校应牢牢抓住这难得的契机，在学生的教育与管理中融入更加多样、更加吸引人的方式，使教育、管理、服务“三育人”的功用在网络平台中得到淋漓尽致的发挥。在高校新校区的文化建设及信息化建设方面，可依托社会上已形成的较成熟的网络平台，这些平台经过测试和使用更具有适应性，减低了因网络平台硬件问题带来的发展困扰。

2. 发展前景好

校园网络平台因其网络特性，具有活、全、新、快的众多特点和优势，同时有利于用户的使用和参与。校园网络平台既是传播校园主流文化的新阵地，也是高校文化内涵、办学精神、优势特色的最佳展示窗口。虽然高校由于发展时间相对较短，在网络平台的构建上较为滞后，但是这反而减少了改革及发展的阻碍不会因为固化的思维方式限制了前进的脚步，降低了改革引起的阵痛。因而，在发展网络平台、积淀校园文化的道路上能走出全新模式。

（二）高校新校区网络平台构建遇到的问题

目前，多数的高校校园网络平台都是以展示高校基本情况为主，但是这样的校园网络平台，用户基本没有参与机会，很难引起大学生的兴趣和关注。在内容上，除了新闻和通知类的内容更新较快，其他内容长时间不能更新，甚至部分栏目只有名称而无实际内容，这也使校园网络平台的关注程度下降。在实用功能设计上未能针对使用者实际情况考虑，脱离了使用者的实际需求。另外，高校校园网络文化建设的针对性和目的性不明确，未能与高校的大学生教育和引领进行有机结合，缺少引导学生如何正确利用网络资源、如何构建和谐校园网络环境、如何建设健康校园文化等内容。在用户权限设置上，用户因权限不够，很难在校园网络平台上参与到校园网络文化建设中。

1. 启动实施有阻力

高校新校区由于发展成长时间较短，在现有的建设期内校园文化还没有形成明确的发展方向，并且在文化积淀性方面存在不足，利用网络平台开展校园文化建设还处于较空白阶段，建设起点相对较低，加之人力、资源等投入上的不足，新校区在启动实施网络平台方面具有不小的压力。

2. 形成特色较困难

具有较长发展历程的高校老校区因其长期文化积淀，通过实践探索，在网络平台等建设方面已初具规模，形成了符合各校特点的校园文化建设途径。而高校新校区成立时间一般较短，并且目前国内高校数量多，无论是行业特色高校还是综合性高校，都在寻求新的发展，在这样的背景下选择并走出一条特色道路相对艰难。

3. 可用资源较匮乏

高校在起步期内专业人员、配套资金、相关信息源等软硬件条件不足，系统管理不到位，更多的是依靠其他部门提供的各类支持。在人力资源方面，不仅是数量和质量均不足，更多的是学校管理人员对网络平台认识不全面。

（三）高校网络平台的构建途径

1. 打造特色网络品牌

校园网络平台关键性的动态指标在于内容、准确度和更新速度等方面。目前的高校学生大多是随着网络一起成长起来的，如果想利用网络吸引他们的视线，就需要具有特别的形式、丰富的内容、急速的更新。因此，高校校园网络平台应该改变原有的形式呆板、内容简单、功能单一、更新迟滞等不足，更好地解决吸引力不足、利用率低等问题。应完善校园网络平台的功能，提高用户的参与度，加快、加深与校园文化的融合，更好地促进高校的发展。针对上述情况，高校新校区在打造特色网络品牌时应更好地利用社会上已较成熟的、影响力较大的媒介。

2. 优化校园门户网站

校园门户网站是每所高校在网络中展示的绝佳平台，也是发布相关信息的固定渠道。在门户网站上可以尝试开辟校园特色专栏，如重庆邮电大学“红岩网校”、河南农业大学的“太行之路网站”等，大多是以本校学科特色为核心，围绕主体用户——学生，将思想政治教育、专业知识、科学技术、就业引导、特色文化等模块组合。设计优良、布局合理、内容新颖的校园网站不仅能提高社会关注度，而且能吸引更多的学生关注校园门户网站，积累荣誉感和归属感。打造校园官方微博，官方微博是网络发声的新媒介，高校、企业、政府等纷纷开通了官方微博在扩大宣传面的同时，能更加快捷地发布信息，发起交流互动。学生手持手机刷微博已成为一种时尚，而利用微博的特性，校园官方微博将学生的注意力凝聚起来，通过发布社会热点问题与话题、普及与学生学习生活的相关知识和信息、组织学生参与活动及话题互动等，利用微博消息发布及时、传播面广等特性，能更好地配合其他校园文化建设活动的开展。

3. 建设其他网络平台

当前，其他网络平台如贴吧、微信、论坛等也成了大学生的交流平台。随着移动终端技术的提升和革新，更多网络用户使用手机或平板等终端设备参与网络互动。如今大学生使用手机刷微信、逛贴吧、进论坛、写说说、更新空间，已经是普遍现象，这类网络平台已经成为学生闲暇时光抒发个人情感、相互交流的一类重要平台。高校应当重视这类公开网络平台的开发和应用，利用此类平台用户群庞大的优势，推出有特色的高校平台，辅助开展大学生的伦理道德教育引导，促进校园文化多元化良性发展。当然，高校应利用和管控好这类平台，通过这类平台可发起话题、交流讨论、活动宣传等，促进校园文化建设。

4. 充分挖掘潜在人力资源

网络之所以迅速发展，得益于其前所未有的更新速度及良好的参与性、互动性，相较于纸质媒介，电子媒介越来越多地融入人们的交往中。构建校园网络平台，不仅需要一定的物质投入，而且需要开发校园内所特有的、庞大的潜在资源——人，动员好、开发好潜在的人力资源既是发挥好人的主体性作用，又是人本主义理论应用于学校教育中的合理化体现。在高校新校区成立时间相对较短的背景下，充分动员专业教师、辅导员群体，集思广益创新内容、提高技术，积极参与校园内各项文体活动，转载、转帖；充分动员学生干部、学生党员等其他学生群体，因为他们既是校园网络平台的受益者，也是参与者。通过利用现有群体、挖掘潜在资源，可以使教育者和受教育者都参与到网络平台的宣传、构建中。

5. 建立健全管理体制

大学生在社会网络中是最活跃的群体，也是网络互动参与量最大的成员。因而，高校新校区的各部门及院系应提高对网络平台重要性和必要性的认识，加大投入，尽快开发校园网络平台；高校应针对如何引导网络评论、控制网络舆情、监管网络动态、处理网络突发情况等建立专门的技术团队，维护、管理、利用好网络平台。在现有的校园管理制度的基础上，要规范和创新校园网络平台管理机制，通过统一的管理规章制度明确管理者、参与者的义务与责任，规范管理、教育引导学生形成健康积极的网络道德，使校园网络平台的使用秩序井然；建立校园网络平台的各级管理体系，使网络信息的监控、收集、分析、干预等反应机制更为完善，保护校园网络平台的正常运转。

6. 营造校园网络文化，共筑品牌校园文化

高校校园文化因网络的介入而更加丰富、鲜活，同时对高校思想政治及

德育工作也提出了新的挑战。打造内容丰富、功能完善、具有开放性的校园网络平台可以引导学生健康上网，传播校园主流文化，展现高校的品牌特色。构建好校园网络平台，营造健康和谐的校园网络文化，共筑品牌校园文化，不仅是对网络所带来的挑战的有力应对，更能为全校师生提供更加有活力的成长空间。

三、教育、管理、服务一体化发展

随着高等教育改革不断深化，高校办学规模越来越大，高校教学和学生管理工作面临诸多新挑战。这就要求教学与学生管理工作需应对新形势发展，实施全员联动机制，积极探索教学与学生管理一体化机制。

（一）高校教学与学生管理体制和运行机制出现的问题和弊端

在传统的高校管理机制下，教学与学生管理统一性差，导致教学与学生管理在学校与学院之间得不到统筹安排，形成了“各自为政”的管理模式，产生了不少问题。

1. 教风建设与学风建设不能互相促进

普通高校一般实行两级管理模式，学校将管理重心下移至分院。不同的工作业务归属于不同的职能部门，分工明确。在学校一级层面，教务处主管教学管理工作，而学生处主管学生管理工作；在分院二级层面，教务办公室主管教学管理工作，而学工办公室主管学生管理工作。在同一个学校里，教学管理工作和学生管理工作是两个独立运行的不同的工作系统。这样的管理运行模式纵向工作关联性很强，而横向工作关联性很弱，从而导致学校、学院两级的教学管理和学生管理工作在实际运行时，难以形成联动的紧密关系，更难以开创教风学风齐抓并进的工作格局，即以教风引学风、以学风促教风的良性互动机制。

2. 学生成人与成才出现“两张皮”

由于教学与学生管理工作联动机制缺失，工作本位思想严重，专业教师只侧重于教书，不重视育人；学工人员只侧重于育人，不重视教学。教师和学工人员彼此之间缺乏必要的交流、互动与协助，导致管理力度分散，难以形成合力。这就直接导致学生在人格教育和专业学习上的不协调，成人与成才出现“两张皮”。高校在管理人员有限、工作量很大的情况下，这种条块分割的工作模式必然会造成管理人员的严格分工，相应人员的流动和互助功能减弱，故而不能发挥管理群体的作用，工作效率不高。

综上所述，更新管理理念，探索综合管理结构，构建教学管理与学生管理一体化的管理模式势在必行。

（二）实施教学管理与学生管理一体化的基础与优势

1. 在高等教育大发展的形势下，各类高校间在人才、科研、资源等方面的竞争异常激烈

从传统的高校竞争方向与排序来看，作为实施“985 工程”和“211 工程”的第一方阵的高水平大学为争创世界一流在努力拼搏；作为教学研究型的第二方阵的地方高校为进入国内高水平一流大学的竞争更是空前激烈；其他大学也是加劲发展，提高自己的水平和增强实力，竞争同样激烈。高校即使继续更加努力，差距也很难很快缩短，尤其是沿袭别人的老路，以原有的思维模式、价值尺度和质量标准去发展，更不可能有所作为。因此，高校不能采用单一路径奋起直追，而要用更加开阔的视野、更有效的办法，集中更多样的资源，走多样化、跨越式发展的道路，才能既夯实基础、扎扎实实做好基本功，又能大胆、前卫改革，建立起新的视域、新的路径，充分运用好灵活激励的机制，发掘组织内部多样化的资源，走超常规发展之路，开启高水平大学的卓越进程。

2. 高校办学的基本观念、基本价值、基本图景是不断改革创新的思想引领

比如，现代大学制度的“轴性理论”“优势互补理论”“职业化全位理论”等为我们构建教学与学生管理一体化提供了思想指导。其中，“优势互补理论”是在坚持公办大学机制的稳定性和民办大学机制的灵活激励性相结合的基础上，对社会主义民办大学办学机制的探索，而“职业化全位理论”是现代大学不可或缺的管理模式思想。

3. 践行教学管理与学生管理一体化的初步思路

调整机构设置，优化人员配置，完善分工协调。一是撤销学生处，将学生处的部分管理职能划归教务处，教务处设置教学运行管理、学生管理、教学基本建设管理和实验实践教学管理四个处；二是继续强化二级学院管理职能的重心下移，分管教学的学院领导要协调学生工作，使教学与学生工作有效融合，加强、完善和优化学院办公室职能和人员配置，学院办公室统一负责教学、科研、学工、党务、行政人事工作的日常管理，从而为教学管理和学生管理一体化提供组织保证。

4. 完善和创新一体化管理制度

在现有的教学管理和学生管理各项制度的基础上，根据一体化管理目标要求优化学校学工部、学生社区、校团委与各学院协调功能，优化各学院教学与学生管理职能，探索建立一个运行有效的教学和学生管理一体化管理模式、管理制度，使学生教育管理“到边到底到位”。比如，可以试行教学与学生管理联席工作例会制度、任课教师和辅导员交流协作制度、教风与学风建设联动制度等，并计划由教务处牵头，校团委、学生学业信息咨询中心、各

学院共同参与，完成教学与学生管理一体化的基本制度框架建设，从而为一体化管理提供制度保障。

5. 加强教学与学生管理一体化的信息建设

建设统一的教学管理和学生管理信息系统，可以实现信息的集中管理、分散操作、信息共享，使传统的管理向数字化、无纸化、智能化、综合化及多元化的方向发展。为此，高校要进一步完善教学管理和学生管理信息系统的建设，以实现教学与学生信息资源共享及信息互动，促进管理的规范化，增强学校和学院两级教学与学生一体化管理协作，使其更好地为学校的育人功能服务。当然，教学与学生管理信息系统涉及面广、功能性强，它的应用在为学校教学与学生一体化管理工作带来高效、便捷的同时，将对今后的教学与学生一体化管理工作提出全方位的、更高的要求。

6. 强化“全员育人”工作机制

学生培养涉及教与学两个方面，必须实现二者的结合才能达到培养人的目的。高校要积极探索建立一个全员联动一体化，跨边界、无缝隙，管理重心前移于教学班的“全员育人”工作体系，实行多层面、多角度、全方位育人管理模式，即广泛调动、充分利用各层面管理育人的积极作用，包括班委成员、辅导员、学生家长、专业任课教师、校领导等，全力培养德、智、体、美、劳全面发展的合格人才。

一体化管理模式不是简单的合二为一，而是一种相互统一和相互促进的管理运行机制。因此，我们要紧紧围绕教学管理和学生管理的连接点——“育人”，以教学为中心，激发教师教学的育人功能，促进专业教学和学生管理相互融合，从而逐步建立一个有特色、有效的教学管理和学生管理一体化的管理模式和运行机制。

第二节　互联网信息时代高校教育管理模式创新的重要性

一、互联网信息时代高校教育管理模式的创新是构建和谐校园的迫切需要

（一）网络文化与和谐校园

网络越来越成为我们生活的一部分，网络文化已经成为一种流行文化。网络媒介因而具有了丰富的文化内涵。“文化”这一概念拥有多种定义，其中

有文化是一种特殊的生活方式的描述。这种描述的范围不仅包括艺术、思想等经典范畴，还包括一些日常生活行为中的某些意义和价值。既然文化是一种生活方式，网络文化也就是互联网所形成的一种生活方式。由于这种生活方式以网络互联为基础，以获取信息为目的，因此网络文化一般也可以定义为：网络文化是一种不分国界、不分地区，建立在“互联网+”基础上的信息文化。

对和谐社会的倡导与研究，已有大批深入的、权威的文献。知识经济时代教育不仅是推动社会经济发展的重要动力，还是促进和谐社会建设的重要力量和谐校园，主要是指以内外沟通良好、各种关系顺畅，和而不同、协调发展为核心的一种教育理念。实现这一理念，必须关注学生的和谐发展。和谐的校园文化既是构建和谐校园的基本目标与内涵，又是构建和谐校园的基本途径与模式。和谐校园的本质属性是文化和谐。建设和谐的校园文化，不能无视网络文化的影响。

网络对青少年的影响，已有多项研究成果，戒除网瘾是一个社会话题；网络文化对和谐社会建设的影响，已引起人们的很大关注，有的地区还举办了“网络文化节”。网络文化对和谐校园建设的影响，也已引起人们的关注。

随着网络的发展和网民的增多，人们被网络化已经成为一种不可避免的现实。这是一个分析问题的前提。没有这个前提，谈网络文化对构建和谐校园的效应就没有多大意义。

（二）网络文化对构建和谐校园的正面效应

人们之所以被心甘情愿地网络化，自有其充分的理由和必要的原因。这些理由和原因，应该有相当一部分是积极的、合理的，或者说是符合人们对真善美的需求的。

1. 网络能够满足学生多方面的需求

构建和谐校园，要研究学生，学生是和谐校园建设的主体；谈网络文化对构建和谐校园的影响，也要研究学生，研究网络对学生自身和谐发展的效应。在我们的问卷调查中，很多同学反映，网络让他们的生活变得多姿多彩，缓解了自身压力，但也承认可能增加学生管理的难度。与社会群体相比较，在校学生可能更相信科技的力量，更愿意追逐时尚和新潮，更增多广泛交往的意愿，更需要获取知识信息。而这几点，网络都能满足学生们的期望和要求。计算机和网络是高科技、时尚新潮的代名词。学生们作为网络主体会不断从技术和技巧两个方面强化自身的网络素养，如不断使用新的软件加快链接速度和提高搜索效率，不断提高打字速度等。网络的应用五花八门，而其最大的用途和优势是能够共享信息和快速传递信息。这正符合学生更多、更快地获取信息、交流沟通的需要。

2. 网络可以成为学生的信息库和资料库

网络能够处理大量的、内容丰富的信息资源。这些信息分门别类地存放在页面上，浏览者可以根据自己的兴趣和需要使用超级链接选择阅读。网络最大的优点在于它拥有无比丰富的信息，就像一本百科全书，学生在阅读纸质文献的同时可以将网络作为自己的资料库和信息库。电子文献具有查阅迅捷、方便的优势，但既要警惕其真假莫辨的庞杂和错误，也要警惕由于过分依赖网络而产生的惰性。

3. 网络使教学手段和教学方法的革新成为可能

各种网上学校已大为发展，大量的课程学习可以借助网络来实现，有限的教育资源得到了更合理、更高效的使用，更多的人得以享有更多、更好的教育；终身学习变得不再困难；学生的学习兴趣和效率有可能得到提高；科研人员的联系大大加强，获取相关信息更加便捷，科研中的重复和无用劳动因而减少。多媒体教学和网络教学平台的开通，在许多学校已不是新鲜事。师生之间可以通过校园网进行交流，网上选课、网上答疑、网上评教，校园贴吧、博客交流、电子图书等都是网络开辟的新天地。

4. 网络对人们的思维方式和世界观有积极的影响

麦克卢汉说："媒介是人的延伸。"网络介入人的生活，网络意识同时就会渗入人的身心，影响人们的思维和行为方式。学生处于世界观、人生观、价值观进一步成形的时期，在这一时期网络的影响不可小视。从积极和正面的方面来讲，网络可以帮助人们，尤其是青年学生树立先进的理念：科学、民主、张扬个性的理念，开放、自由、平等、和谐、奉献的理念，地球村的理念等。网络本身是科技发展的产物，是人类的重大科技发明，凝结着和彰显着人类的智慧网络是一个开放的空间也是一个自由的空间，文化的壁垒正以前所未有的速度被打破。文化透过电缆、光纤、服务器和计算机终端等有形的物体向世界各地发散快速而便捷地在全球范围内流动。好的网络文学艺术作品是实施美育的大课堂，科学和先进的思想是学生们的又一个"导师"，网络为学生开阔视野、提高素质、发掘潜能提供了平台和基地。随着 E-mail、BBS、USENET、MUD、IRC、OICQ 等软件的出现和进一步完善，网络文化的交互性得到了更大的体现。不少学生在聊天或网上讨论中，锻炼了认识问题、分析问题、解决问题的能力，他们的聪明才智、他们的创造性在此得到了充分的展现与发挥。在理论上，网络空间的每个人、每台计算机都可以成为一个广播站、电视台或出版社。从这个意义上说，网络体现了最自由、灵活、开放的信息交流方式。任何一个网络人的地位都是平等的，他们可以与世界各地任何联网的人联络，自由地访问各种信息资源，自主参与不同主题的 BBS、USENET、电子论坛、博客、播客的讨论、写作和传播。

（三）网络文化对构建和谐校园的负面效应

互联网是一把“双刃剑”。色情、暴力和低俗信息的污染，大量占用时间、金钱，网迷容易沉湎在虚拟世界等是显而易见的弊病。略加归纳，网络对青少年的负面影响大致有以下几点。

1. 认知和道德意识方面

网络信息驳杂，让人应接不暇，很容易导致青少年缺乏逻辑性和严密性，知识面只有广度而缺乏深度。网络可充分发挥用户主观能动性，网上交流可以不受现实生活中道德准则和社会规范的约束，颓废、消极的情绪、缺乏诚信的言行充斥网络，网络虚拟环境可能使青少年道德约束放松，道德修养降低。

2. 身心健康方面

长时间面对计算机屏幕，可能导致青少年生理机能失调、神经系统正常节律被破坏。过度使用互联网容易引发心理障碍。青少年极富好奇心但自我监控能力不强，长期上网容易导致网络迷恋、网络冷漠、网络孤僻、网络焦虑，造成心理错位或行动失调。卡内基梅隆大学和匹兹堡大学研究表明，过度使用互联网者往往具有下列人格特点：喜欢独处、敏感、不服从社会规范等，会导致孤独和抑郁的增加，人际关系冷漠、厌世，心理幸福感降低。

3. 强势文化和文化霸权主义渗透方面

网络打破了国家、民族的界限，强势文化的话语霸权却依然存在，西方文化汹涌而来，这给学校德育工作提出了严峻的挑战。如何汲取外来文化的精华，剔除其糟粕，任重道远。

4. 青少年网络违法犯罪方面

在日益严重的计算机网络犯罪案件中，网络犯罪有逐渐低龄化的趋势，而网络犯罪的种类也在增多。美国为保护儿童的身心健康免受成人网站的毒害，在 1996 年通过法律对成人网站进行限制。法国对网络色情处以重罪，从严从重处罚利用网络手段腐蚀青少年的犯罪行为。我国的网络监督和网络立法工作也已有序地开展。网络媒体是一方面，上网者自身的“免疫力”也是重要的一方面，而双方都需要自律和他律。

面对网络带来的负面影响，因噎废食和坐视不管都是缺少理智的，而必须通过各种手段和方法，尽可能地将不利影响降到最低。学校、家庭、社会全方位共同努力和协作，坚持正面思想引导、利用高新技术手段监管和法律制裁并举的综合措施，标本兼治，有效遏制网络文化失范，使网络文化对和谐校园建设的正面、积极影响最大化。

二、互联网信息时代高校教育管理模式的创新有助于因材施教的推行

与教育史源远流长相比，互联网的历史是短暂的。人类教育的历史几乎与人类的五千年文明史相当，互联网的历史却只有短短20多年，它的出现、普及、应用都与教育密切相关。自2012年后，网络教育业逐渐升温，投资并购不断，百度、阿里巴巴、腾讯纷纷涉足，都把网络教育视为巨大商机。

从发展机遇来说，第一，互联网技术为提高人才培养质量创造了条件。以“慕课”“翻转课堂”“微课程”等为代表的基于互联网的教学模式，突破了学习者的学习时间和空间的局限性，有利于学习者共享课程资源，进行个性化的线上学习。同时，互联网技术为探索线上教学和线下教育相融合，促进学生的自主学习和合作学习，改革传统的教学方式和手段创造了条件。第二，互联网技术为拓展优质教育资源开拓了新路径。利用互联网技术多元而便捷地获取教学资源的特点，可以把有限的投入集中到优质线上课程的建设上，并通过建立共享机制进行优质教学资源的均衡配置以效率促公平，促进优质教育均衡发展，推进学习型社会建设。第三，在线课程联盟的构建为提升教育国际化水平搭建了新平台。以Courser、EdX等为代表的在线课程联盟的发展，加速了国际化课程、教材和课件的跨国流动与共享，也必然伴随着先进教学理念、现代教学方式和教学管理模式的跨国传播与融合，从而为优质教学资源共享与国际拓展、变革教育教学方式、改善学校国际形象搭建了新平台。

为促进互联网教学的发展和人才培养质量提升，高等学校要主动应对互联网教学带来的挑战。

（一）更新传统的教育教学观念

要突破“千校一面”“万人一面”的培养模式的禁锢，建立富有时代内涵的人才观、多样化的质量观和现代的教学观；遵循教育教学规律和人才成长规律，践行“因材施教”的教育理念，探索多样化和个性化培养。

（二）改革传统的教学方式

利用“慕课”“微课程”等线上课程资源，可以实现学习过程的“翻转”：将学生接受知识的环节从课堂讲授转移到课前线上自学；而在课堂上则通过

教师组织引导、师生互动和生生合作，将学生课前个性化学习到的知识融会贯通，实现知识内化的部分功能。要改革传统的课堂教学模式，引导学生自主学习、合作学习、探究式学习；探索线上线下教学相结合，共享优质教学资源，彰显教学水平和特色，改善学习效果和效率。

（三）促进教师的职业生涯发展

学习过程的翻转，导致了教师角色从知识的传授者转变为学生的学习伙伴。因此，要优化教学评价标准，加强教师培训，提高教师运用现代信息技术的能力，激励教师研发网上课程，参与线上教学。同时，鼓励学生参与线上自主学习。

（四）创新教学管理体制

加强系统研究和顶层设计，创新教学管理体制和学生管理机制，调整教学组织形式乃至教室布局；完善教学质量监控和保证体系，重视学生学习效果跟踪和评价机制的建设，强化评价结果反馈和改进机制。

（五）高等学校要推进“互联网教学”良性发展

1. 加强联结与互动

互联网教学模式的基本特征是联结和互动。有关部门要加强统筹规划，避免重复建设和分散建设，实现优质教学资源共建共享；要引导学校改革课堂教学模式，更好地实现师生互动、生生互动、人机互动，改善学习效果。

2. 完善学习监督和效果评价机制

要优化学习评价标准和评价方式，重视大数据技术的应用，实现教学及其管理平台的数据交换和共享，及时评价和反馈线上学习效果；要改善教师的线上教学水平，提高学生线上学习的主动性、自律性和选课完成率。

3. 探索和完善互联网教学的运行机制

要厘清线上教学的公益性与营利性的关系，优化“慕课”“微课程”等课程联盟或协作组织的运营模式，筹集线上教学经费；要研究线上课程标准与认证方法，探索学分转换、学分互认、学分银行等机制；普通高校、开放大学、在线课程联盟或协作组织及互联网教育产业，要协同探索，优势互补。

4. 跳出互联网教学发展的误区

教育的终极目标是培养全面发展的人。学校的办学传统、校园文化和校风学风，对学生成长成才具有潜移默化的熏陶和催化作用，对学生综合素质的养成，包括社会发展性、人际关系和公共关系、团队精神等素养和能力的养成至关重要。

因此，课程教学不等于学校教育，互联网教学不能完全取代学校教育。要倡导严谨求实的态度，避免炒作概念、片面夸大作用，把重点放在优化网络教学环境、提高在线开放课程质量、共建共享优质教学资源、线上线下教学相互融合、改善学习效果和学习效率上。

三、互联网信息时代高校教育管理模式的创新能有效利用高校资源

首先，要解决教学资源不均衡的问题，加速实现各种优质教育资源的集成共享。要充分利用信息技术，积极进行混合式教学的探索和实验，建立高校之间优质数字化资源共建共享机制。国家精品视频公开课程和精品资源共享课程，向高校免费开放。大规模在线开放课程建设、教学资源平台建设等，可以扩大优质教育资源受益面，使高校学生能够参加国内外著名大学网络课程的学习；精品资源共享课、视频公开课等，可以提升一大批中青年教师的教学水平。

其次，要建立以学生为中心的新型教学模式，强调学生的主动性、学习灵活性和教师的辅助性。在大数据背景下，以互联网信息技术为核心的各类教学模式和学习方式不断呈现，如微课、慕课、翻转课堂等。在“互联网+”的背景下，教育已不是传统的线性模式，而是非线性、模块化、可定制的，学生可根据自身的需求、兴趣选择学习内容。对于高校而言，这就需要利用互联网技术、大数据技术整合不同资源，开展启发式、探究式、讨论式、参与式教学，建立起以学生为中心的教学模式。

最后，要推动高校相关专业建设，加快培养互联网领域专业人才。把互联网技术、物联网技术、云计算、大数据、数字制造技术、智能制造技术等相关知识纳入高校的公共基础课教学，提高大学生的互联网知识水平。在高校或企业建立涵盖3D打印技术、智能家居技术、可穿戴技术、智能制造技术、物联网技术的“创客中心”或“创客平台”，引导大学生开展创新创业实践活动，从而实现创新与创业相结合、线上与线下相结合。

对于高等教育而言，互联网教育是最优选项和必由之路，但还需要诸多的保障措施。首先，高校信息化建设的投入需安排专项资金。其次，教师信息化教学素养和意识需要与互联网语境相符合，要通过网络研修等多种方式进行提升。最后，对信息化教育绩效的评估和考核应保持常态化，各高校要专门制定本校的信息化发展规划，并定期进行评估和反馈。

第八章　互联网信息时代高校教育管理模式创新

第一节　融入开放性的思想

我国现阶段的高等教育已经从原来的精英教育迅速转化为大众化教育，受教育者的求学情况、知识基础与以往相比发生了很大的改变。政治辅导员和班主任要指导学生正确地面对竞争、面对择业、面对压力，引导学生规划人生，培养学生有宽广的胸怀和健全的人格，努力把德育渗透到学生成才、就业的全过程，要主动管理育人，提高工作效率和工作水平，创造更好的育人环境和氛围。

一、建立优秀的管理团队和制度

如何适应时代的要求，培养社会需要的人才，是从事学生管理工作者的永恒话题，同时对学生管理领导干部提出了更高的要求，必须加强队伍建设。学校高层领导应加强对学生管理工作的重要性的认识，挑选一批思想素质高、工作能力强、具有一定学生管理工作经验的工作人员担任学校学生管理领导工作，经常性地组织并开展对各分校、教学点学生管理领导干部的专业培训，邀请较高水平的专家讲座，全面提升学生管理干部的素质。通过各种方式组织开展校与校之间学生管理工作的交流，请学生管理工作突出的管理人士讲解、传授管理经验，并通过讨论交流，达到共同提高，共同进步。以校本部为载体开辟全校性学生管理工作专项窗口，广泛讨论发表管理体会，创建全校性学生管理专刊，组织系统内投稿，把学生管理工作真正落到实处。

学校应建立导学教师引进、培训、考核、交流的整套制度。完善引进程序，严把入口关，力争把有能力、责任心强的导学教师引进来。建立严格的导学教师培训、考核制度。导学教师应对以现代计算机网络为主的多媒体现代远程教育技术有较深的掌握，能熟练运用计算机网络等媒体技术获取教学资源，并能配合辅导教师进行教学资源的整合，组织和指导学员开展网上答疑、BBS讨论、双向视频等网上教学活动，利用QQ群、微信、E-mail等与学员进行日常沟通。完善导学教师的流动计划，打破以往导学教师队伍建设的封闭体系，激活用人机制，拓宽导学教师出口，加强导学教师的交流和提拔，解决导学教师的后顾之忧。

解决导学教师流动性较强、流失率较高的问题，必须加强导学教师的专业化建设，其中最主要的就是更新观念，尤其是更新领导的观念，全面提高导学教师的综合素质。导学教师在工作了一段时间后就会积累一定的工作经验，也会认识到自身不足。如果学校能制定一套完整的培训机制，给他们更多的培训学习的机会，不管是对学校还是对导学教师本人来说都是双赢的。另外，还可以加强导学教师之间的沟通与交流，使导学教师的业务能力不断提高，确保导学教师在工作中发挥应有的作用，保证开放教育学生的培养质量。

二、注重培养优秀的学生干部

好的学生干部不仅自己会给其他同学做出榜样，也会分担导学教师的工作重担，而且在这个过程中也锻炼了学生的工作能力，又运用在自己的工作实践中。导学教师在选择班干部的过程中要一视同仁，不能因为个别小问题而否定他们的优点，广泛听取同学和任课老师的意见，综合学生的平时表现民主或择优选拔。选出优秀的学生干部，要充分信任和尊重，减少个人干涉，使他们充分发挥个人的工作主动性和能动性。

学生干部队伍应真正发挥先锋模范作用，真正发挥战斗堡垒作用。学校应健全团支部、学生会组织，主动让学生组织成为学校与学生、教师与学生沟通的桥梁，通过民主推荐、个人竞选产生学生干部队伍。结合开放教育学生的生理和心理特点，通过学生干部开展广泛的思想交流。帮助广大学生树立和培养学习自信心，一方面肯定他们在以往的学习和工作中取得的成绩和努力，使他们充分看到自己的优点和能力；另一方面，循序渐进一对一式辅导，将他们在现在的环境中遇到的问题总结归纳，然后反馈经验。在交流沟通过程中，要注意交流态度，避免出现僵局挫伤学生的学习积极性；要充分尊重学生，成人学生的自尊心相对来说更强，并且也更容易受到伤害，老师的教育手段要不断改进，积极与学生磨合，减少代沟的出现。在沟通的同时，鼓励他们学习后要在自己原有的领域有所创新和进步，帮助他们做好职业规划和人生规划。在思想教育过程中，应尽量避免用说教的方式，毕竟这些学生都是成年人，而且多数已经有了家室或有比较丰富的社会经验。而强硬的教育态度只能引起学生的逆反心理，不仅不会配合老师的教育工作，甚至会放弃继续学习。对个别问题学生要单独关注，因材施教，明察暗访，找出学生学习欠缺的根源和影响因素，和周围同学、同事努力解决问题，最大限度地激发他们的学习主动性。

三、通过加强校园文化氛围引导学生的学习和发展

开放教育的学生大多以参加远程教育学习为主，这些学生有着强烈的孤独感，他们渴望交流，希望像普通高校的学生一样有丰富的校园生活，感受来自众多同学的支持与友谊。学校应主动提供学生情感交流、培养兴趣和寻求帮助的平台，能够促进学生之间交流沟通，传承成长经验，解答学生疑惑，碰撞智慧思想，传递情感关怀，培养同学友谊，消除学习孤独感，增强学生对开放大学的身份认同感、归属感和凝聚力，营造积极向上的校园文化氛围，促进学生的管理、学习和发展。经常性地开展校区、班级之间各种比赛活动，增进学生之间的友谊，根据不同学生原来从事行业的不同，有针对性地聘请相关行业的专家学者到学校进行讲座，促进学生的积极参与和交流。同时，用各种比赛的形式加强同行的良性竞争，使学生之间互相帮助，共同进步。对学生的学习积极性，导学教师应合理引导，帮助他们树立明确的学习目标，使他们既有针对性又能自我检测和反馈。

第二节　坚持以人为本的理念

随着现代教育的发展和教育改革的深入，以人为本的学生管理将最终取代传统的学生管理，这是学生管理改革和发展的必然趋势。人是管理中的首要要素，因而提高人的素质、调动人的积极性、促进人的全面发展是提高管理效果的关键。科学发展观的本质和核心是坚持以人为本。坚持以人为本，不仅在人类思想发展史上具有重要的理论价值，更应当成为当今高校的一种新的办学理念。

一、什么是以人为本的管理

以人为本管理模式是以人为中心，在确立学生主体地位的基础上，围绕调动学生的主动性、积极性和创造性来开展一切管理活动，这种管理模式是高校学生管理模式发展的必然走向。以人为本的学生管理工作理念，就是要以人为出发点，充分尊重学生作为人的价值和尊严，充分尊重学生的人格、个性、利益、需要、知识兴趣、爱好，力促学生全面发展，健康成才，并能可持续发展。这意味着要从那种把对人的投资视为“经济性投资”的立场转

变为“全面发展性投资”的立场。以人为本的管理在处理人与组织的关系时，并不否定和排斥组织的目标，而是应把人的自我发展和自我完善作为组织目标的组成部分。高校学生管理中坚持以人为本的管理思想，就是指高校学生管理工作必须以调动学生的积极性、做好学生的工作为根本。具体而言，就是要在高校学生管理过程中坚持把教育和管理的对象——所有学生作为全心全意为之服务的主体。树立“以人为本”的高校学生管理理念，营造良好的服务氛围，对学生能起到潜移默化的作用。高校从教学到行政管理，从学生学习到后勤服务，都要不断深化教育改革，转变教育观念，转变过去那种以学校为主体、以教育者为核心的工作思路和工作方式，变管理为服务，树立一切工作都是为了学生的健康成长的管理理念。以人为本的高校学生管理就是以学生的发展为高校工作的出发点和落脚点，一切为了学生，使大学生德、智、体、美、劳全面发展。具体而言，就是要理解学生，尊重学生，服务学生，信任学生。

二、实现以人为本的管理模式的必然性

高校是培养和输送人才的重要阵地，始终担负着为社会培养高素质的建设者和接班人的神圣使命。在现行的高校学生管理中，管理目标的抽象化和格式化也是高校学生管理的一大弊病。高校学生管理工作与学校的其他工作目标是一致的，都是为社会培养人才。

人性化管理是以情服人来提高管理效率的，人性化管理风格的实质就在于充分尊重被管理者的自由和创造才能，从而才使被管理者愿意以满足的心态或以最佳的精神状态全身心地投入学习和工作中，进而直接提高管理效率。人性的管理是情、理、法并重的管理，而不是放任管理，也就是我们提倡的教育人性化。对高校学生实行以人为本的管理模式抓住了学生管理中最核心的因素，因为学生管理就是人的管理。人的需求、人的属性、人的心理、人的情绪、人的信念、人的素质、人的价值等一系列与人有关的问题均成为管理者悉心关注的重要问题。这是高校学生管理的出发点和落脚点。

高校的基本职能之一就是为社会发展教育和培养人才，大学生已经具有了成为国家栋梁的基本潜质和条件，在教育和培养的过程中，要充分调动大学生的主动性、积极性和创造性，为他们提供能激发创造性和自主创新性的氛围。而要实现这一目标，高校学生管理就必须是人性化管理，实施以人为本的管理模式。首先，要转变教育管理观念，树立科学的人才观。切不可用一种人才模式去苛求学生，限制学生个性的发展。学生管理工作者要有着眼于未来的宽广眼光和不拘一格育人的胆略。其次，要着重提高教师的综合素

质，强化管理者的人格魅力。

在新形势下，主观上学生群体已经逐渐不接受传统的高校学生管理模式，客观上高校管理所面临的形势也不能使这样一种模式维持下去。招生规模的扩大、贫困生数量的增加、个性培养和创新教育日益被高校所重视等，这些因素都要求高校学生管理必须抓住“学生”这一根本，转变管理理念，提高教师的综合素质，强化管理者的人格魅力。进行人本化管理，其实是对教师尤其是学生管理者提出了更高的要求。以人为本，促进高校学生管理和谐发展是时代的发展适应大学生全面发展和个性发展的必然要求。构建和谐社会、和谐校园，新时期学生的思想特点等使以人为本的管理模式成为必然的选择。

三、构建以人为本的学生管理模式

（一）加深对学生的本质认识

高校学生管理，无论是计划和任务的确定，还是内容和形式的选择，都源于对学生的认识和把握，源于对学生发展中各种矛盾的深刻洞察。实际上，任何个体都有其自身具体、独特、不可替代的需求。不同个体的需求在整个群体中又都不是孤立存在的，它们之间是相互联系和作用的。就高校学生管理而言，学生对自身所处管理环境的感受，对自己在学校中的地位，对学习、恋爱、人际关系、就业等个人发展需要得以满足的程度，都是影响管理效果的重要因素。

离开了对这些因素的认识、洞察和把握，高校学生管理就成了无源之水、无本之木。因此，我们只有全面考虑学生的个体情况，重视个人需要在管理中的地位和作用，并把它们看作运动的、变化的，高校学生管理才能有的放矢，提高管理效率，取得预期的效果。

（二）营造以人为本的校园文化环境

环境是人们赖以生存和发展的自然条件和社会条件的总和。校园文化环境是指与校园文化的形成和发展密切相关的外部条件。校园文化环境包括校园的物质环境和校园的精神环境两个部分。校园的物质环境是以布局成形的姿态出现的物质环境，主要是指校容，如建筑物的布局，室外的绿化、美化，室内的整洁、美观、大方等。校园的精神环境主要是指学校的传统习俗，如校风、人际关系、心理氛围、文化品位及活动构成的气氛等。人的发展和才能的养成，是遗传、教育、环境共同作用的结果。人不仅受其所处的环境的影响，也在不断地改变环境。这个环境又进一步地影响他人和自己。就学校而言，这种对人的发展和才能的养成产生影响的环境，就是校园文化环境。校园文化环境对学校的教育工作及师生员工的生活有着不可低估的作用。开展丰富多样、多元化的学生集体活动，不仅能够培养学生崇高的理想和高尚的道德情操，而且能够使学生的兴趣爱好和特长得到良好的培养和充分的发挥。在一个健全的集体中，学生的不良习惯及意识也比较容易克服，因为集体的影响、优良作风对学生思想品德的形成和发展能起到巨大的促进作用。要充分调动学生的积极性、创造性，设法激发学生的思维兴奋点，组织开展丰富多彩的集体活动，在集体活动中教育、培养每个成员的集体主义精神。通过各项活动，积极发挥和发展学生的才干及特长，使活动和教育融为一体。

（三）构建以学生为中心的管理模式，实现学生自我管理

贯彻“以人为本”的教育理念，构建人性化的学生管理模式，其中最基本的有两条：一是确保学生在教育中的主体地位，充分尊重学生的人格与自主权利；二是要对所有学生负责，为学生的全面发展提供应有的服务。

作为教育工作的重要方面，在管理工作中确保学生的主体地位，尊重和维护学生自主学习的权利，就要保证教育主体的主观能动性得到充分的发挥，使他们的个性得到充分的张扬，使学生的潜力和发展的潜质得到充分的挖掘。积极实践学生的“自我管理、自我教育、自我约束、自我服务、自我发展”等，不断培养和提高学生独立思考问题、分析问题、解决问题的能力，这不仅是改进学生工作，为学生的自主发展提供更大空间的需要，也是我们这些年来在学生管理工作中的成功经验。实际上，学生的“自我管理”就是一种民主的、开放的、人性化的管理，它更加有利于实现学生成才的目标。

四、管理过程中出现的偏差

虽然我们的理念是正确的，但是在实施的过程中同样会出现问题。在教育学生的过程中，我们有时会忽略学生的位置，教学过程中缺乏互动性，我们需要调动学生的主动性，使其主动学习。

要注重启发引导，避免单一的知识灌输。教师有时候是采用“灌输式”的教育方式，将知识单纯地传授给学生，没有给学生思考的时间，没有培养学生的自我思维意识，学生只是被动地接受，根本没有转化成为自己的知识，学到的也只是书本表面的知识。有句话说得好，等大学生毕业后忘记书本的知识剩下的就是他在学校所学到的。然而当学生毕业后剩下的知识还有多少？

他们学到的知识如果没有被内化而转为自己的思维构成中的一部分，我相信这一部分知识是没有学到的。学生的主观能动性被忽略，失去了理解、互动、判断的内化过程。这样一来，大学生就失去了独立思维判断的能力，等他们步入社会以后可能会茫然不知所措，不知道自己以后的道路该怎么走，不知道怎样去适应这个社会。在教师教育的这个课堂上学生除了认真地学习课堂知识外，课外还需要加强自身学习。如果只是掌握课堂上的知识，但是没有课堂外的动手能力的培养，这样的大学生也是不合格的大学生。优秀合格的大学生不光是看成绩单，还需要各方面综合素质的培养，必须具有科学知识和动手能力的双重培养。学生在校期间除了学习课本知识外，还要提高交往能力和动手能力，才能更好地适应未来社会对他们的要求。

五、学生在管理中的问题

高校学生通常叛逆心理较强，不希望被控制，希望自由，不喜欢被约束。不喜欢规章制度，喜欢自由自在。针对高校学生的特点，我们可以调动学生的主观能动性，使学生转换观点，不要让学生觉得自己被约束，让他们觉得自己是自由的。从“要我学”变成“我要学”，可以多让学生参加课外活动，多参加社团、学生会，使学生通过管理学会自我调节和自我管理。同时，我们需要有更多的激励方式来调动学生的积极性，从而更好地自我管理。对于在学生管理方面表现出色的学生，应该予以必要的精神鼓励和物质鼓励，这样学生才能更好地自我管理，进一步更好地推进管理模式，形成良好的管理习惯。

六、加强以人为本管理

做好学生管理工作，需要大家不断努力，通过多和学生沟通，了解学生，从而更好地做好学生管理工作，立足于学生所需、学生所想，实实在在地为学生做好服务。在管理方面，教师应该更多地阅读教育学方面的书籍，更好地了解现阶段学生的心理状态，知道怎样处理出现的问题，同时做学生管理工作的老师需要有满腔的工作热情和无私奉献的精神，这是一名管理者应该具备的，时时刻刻关心学生，了解学生的需要，从更人性的方面出发。除此之外，老师也需要合理的晋升培训机制，更好地鼓励管理工作做得好的老师，只有这样教师才能更有动力地做好管理工作。

高校管理工作是一项责任重大的工作，高校管理工作要围绕学生的基础需要，立足于学生的发展，更多的是做一个好的引导者，让学生朝着更好的方向发展。这才是我们管理者在以后的工作中需要加强的。

七、提高学生管理工作者的素质

以人为本的管理理念体现出管理的自主性、民主性、灵活性和发展性等特征，这对学生管理工作者提出了更高的要求。“教书育人”就是通过“教书”的手段和过程达到“育人”的目的。高校各门课程都具有育人功能，所有教师都有育人职责。学校道德教育的成效在很大程度上是由教师的道德素养所决定的。教师及各类管理人员要从不同的方面对学生的行为产生影响和作用，确立全员育人和全程育人的观念。学生工作者要深刻认识并准确把握经济社会形势和发展趋势，面对这些变化所带来的影响，能够因势利导做好学生的教育引导工作。

建设一支高素质的学生工作队伍，一方面，高职院校要按照要求认真做好建设规划，做到与师资队伍和其他管理人员队伍的建设统一规划、统一实施；要明确条件、坚持标准，切实做好人员选配工作；要周密计划、合理安排，扎实推进人员培训工作；要提出目标、严格要求，不断增强学生工作者的责任感；领导和有关部门要对学生工作者思想上重视、工作上支持、生活上关心、政治上爱护，使学生工作者都能够随着形势的发展和工作的进行不断提高素质和水平，以满足事业发展的需要。另一方面，要求学生工作者加强自身修养，明确神圣职责，增强责任观念，树立服务意识，努力学习，积极实践，深入思考，大胆创新，不断探索新形势下学生工作的新路子、新方法，不断总结适应新形势、新情况下的学生工作的新经验、新成果，在全面服务学生成长成才的过程中发展自己，实现自身的价值。以人为本的学生管理要追求以新奇制胜，以巧妙攻心，关注学生的日常生活和学习生活中行为表现的细枝末节，把为学生服务放在重要位置，创造性地进行管理。只有坚持“以人为本，和谐发展”的管理理念，适应新时期科学发展观的要求，倡导积极向上的学习观、人生观、价值观，实现学生管理模式的改革与创新，才能真正促进学生的全面发展、和谐发展和持续发展。

第三节　提升教育服务意识

现代教育以促进人的现代化和主体的全面发展为中心。主体性、发展性是现代教育的本质规定。基于此，现代教育倡导“教育是一种服务”的教育管理理念。它强调教育者（教师）以满足受教育者（学生）个性发展，为受教育者创造全面发展和主体生成的情境和条件。它概括了当今教育的经营态度和思维方式。在如何开展教育管理和教育活动问题上，相对于传统的教育管理理念，它具有自身的特点。第一，教育服务理念体现了现代教育以人为本的精神，突出了主体，突出了主体的生成和主体性发展；以培养现代主体人格为根本。它直接着眼于人，着眼于人的发展。第二，教育服务理念下的教育管理活动是教育者与受教育者互为主客体、主体间的对象性活动，是在教育者的组织领导下，教育者与受教育者共同参与的活动；是教育者的启发、引导、指导与受教育者的认知、体验、践行的互动；是教育者的价值导向与受教育者自主构建的统一的活动；是教育者与受教育者的相互教育与自我教育、教学相长的活动。第三，教育服务是现代教育管理的整体特征，它不是教育活动的某个阶段或某个部分、某个方面的特征。作为现代教育的根本指导思想，它是贯穿于教育管理活动的始终和教育管理活动的各个方面的。

教育服务的管理理念对于高校的改革、建设和发展有以下作用。

一、教育服务理念为改革高校学生管理提供内部驱动力

我们的教育理念是培养人、改造人、塑造人，这具有很大的合理性和教育价值，但是怎样操作和实施，人们往往受一种片面的理念所指导。长期以来，人们一直将学生作为工作对象来加工，将教育完全观念化，以至于我们不能正确理解教育与社会、教育与个人发展之间的关系，使我们的许多教育政策与决策缺乏科学的基础。

树立高等教育服务理念，能够促使高校树立责任意识、市场意识和竞争意识，能够促使他们关注社会与受教育者的个人教育服务需求，推动高校自觉自主地进行改革，把握市场动向，完善服务体系，增强效益意识，提高服务质量。来自管理者自己对这种改革的需求和认同是改革高校学生管理最主要的动力。可以说，没有管理者对这种改革的深刻理解，没有管理者对学生管理的热情参与，没有管理者对学生管理的积极投入，学生管理理念要转变就十分困难。要求高校学生管理者树立教育服务管理理念，就是期望在形成教育服务理念的同时，一方面使管理者意识到自己与服务，服务与学生的密切关系，因而去尝试改变对学生的态度，尝试用一种全新的视角去看待学生；另一方面让管理者从根本上认识到传统管理的问题所在。服务理念首先是将服务对象当成自己一切服务工作的对象和焦点，将学生满意不满意作为衡量管理业绩的重要指标，在客观上就迫使管理者去反思原来的管理理念并努力去接受新理念、新方法。只有这样，才能形成一种内在动力去推动他们进行改革。

二、教育服务理念为引导高校学生管理提出新的目标

传统教育理念培养人一般只要求听话、驯服，而不注重独立思考能力。

教师培养学生追求“齐步走”“整齐划一”，对学生个体之间的差异和个体特征重视不够，因而培养出来的学生往往缺乏创新思维，很难适应时代发展的需要。学生是共性和个性的统一。共性是指学生的群体属性，而个性则指学生的个体属性。处于同一年龄阶段的学生，由于他们生命过程和生活经历的相似性，他们的身心发展在同一规律支配下，表现出某些相同或相似的属性和特征，即共性。但这些共性只是相对而言的，由于个体间遗传因子、家庭背景、社会环境及教育影响的差异，学生的身心发展无论是在内容上还是在水平上都是千差万别的，学生的性格、兴趣、爱好、智力、能力不完全相同，即具有个别差异。这种个别差异是绝对的，是不以人的意志为转移的。这是学生管理必须面对的事实。

树立高等教育服务理念，不仅能够让我们意识到学生共性和个性的差异，还能够让我们意识道："高等教育服务的生产者是教育工作者，他们通过消耗智力和体力，而生产出适合不同教育对象需求的，具有多方面性能的教育服务，处在生产领域。学生则是高等教育的消费者，处在消费领域。"这种理念为高校学生管理实践提出了新的目标。作为提供教育服务的教育者，在学生管理中应以学生为本，尽量满足学生（作为消费者）的需要。不同的学生有不同的需要，同一学生不同时期的需求层次也不尽相同，需求的多样化就决定了教师工作的复杂程度。在提供教育服务时，教师不再是以前高高在上的管理者，而是成了“弯下腰去”为学生提供服务的教育服务生产者。要生产出优质教育服务，以满足不同人的所有合理需求，教师就要自觉地树立以人为本的服务理念，“弯下腰去”掌握学生的思想动态，不仅要了解他们需要什么、喜欢什么、想些什么、关心什么、拥护什么、反对什么、兴趣何在，更要了解不同年龄学生身心发育的规律和特征。要深入课堂，深入食堂，深入学生宿舍中，深入学生活动的各个方面，只有这样，才能从学生的角度制定出符合他们身心发展需要的管理规章，才能努力完善他们的个性，充分发挥他们隐藏在主体内部的创造潜能，才能受到更多学生的欢迎和喜爱。要生产优质服务，教师还要了解学生需求的变化。社会在变，时代在变，生活环境在变，学生的思想观念也会随之发生变化。这就要求教师要不断调整教育方式，随时了解以前的规章是否符合发展的实际，以前的教育方式、教育手段是不是学生愿意接受的。

三、教育服务理念为高校学生管理创造新型师生关系

传统的教育理念认为，学生是教育的客体，教师是教育的主体。受这种教育理念的影响，在学生管理中，教师和学生之间是管理者与被管理者的、

等级式的、指挥与服从的关系，学生是绝对的弱势方，学校是绝对的强势方，教育者总是凌驾于学生之上，对学生指手画脚，发号施令，有时甚至采取“训斥”和“惩罚”的手段来压服，甚至制服学生。这种管理方法虽然可以暂时维护教育者的尊严和权威，也会取得一定的管理效果，但它付出了扼杀学生主体性、自主性和主观能动性的最大代价。

树立高等教育服务理念，要求教育者重新审视以前的师生关系，树立起新型的师生关系；从高等学校教师方面来看，在教育服务生产过程的师生关系中，学生作为教育服务消费者，在教育过程中拥有重要的地位，教师必须予以尊重，教师作为教育服务生产者，不能不认真考虑作为教育服务消费者学生的意见要求。这意味着教师必须改变角色意识，树立服务理念，从提高服务质量、保证消费者满意的角度出发来考虑一切，才能做到因材施教；从学生来看，意识到接受高等教育是对高等教育的消费，意味着他们必须树立独立意识和自主观念，他们必须对自己的选择和行为负责，不能完全依赖学校和老师。这种新型的师生关系有利于学生管理中师生平等地、朋友式地、相互尊重地交流对话。管理者也只有从观念上意识到对学生进行管理就是对学生的一种服务，认识到尊重学生就是在尊重自己，放弃学生就是在放弃自己，学生的失败就是你的失败，失去了学生就是失去了你自己，教师才可能真诚地去爱，真诚地付出，新型的师生关系才可能得以建立。在这种新型的师生关系中，学生管理倡导以“爱”为核心的情感管理。爱是一切教育的起点，是开启学生心灵的一把金钥匙，也是教育引导和管理学生的一种精神动力。只有爱学生，管理学生才能做到十分耐心，了解学生才能非常细心，为学生服务才会一片热心。而爱学生的最有效途径就是和学生交朋友，成为学生的良师益友。这样，一方面可以唤起学生管理者的友爱之心，使学生管理者乐于并善于与学生交友；另一方面可以使学生把学生管理者看成最值得信赖的人，向管理者敞开心扉，吐露心声，心悦诚服地、愉快地接受管理。

四、教育服务理念为高校学生管理的评价提供新的依据

无论什么条件下，任何一所学校的学生管理都有取得良好效果的预期。不同时期，人们衡量学生管理质量的依据不尽相同。传统的教育理念从管理者的角度出发，管理质量意味着管理特征对组织的规定与要求的符合程度。这一视角使组织更关注效率，即用最小的成本获得最大的收益，而看不到不同的被管理者对同样的管理感知不到同样的质量水平。

树立高等教育服务理念，衡量教育质量的标准则主要是服务对象的满意度。这一视角更关注服务对象需要的满足。与传统理念相比，这一理念已经

意识到了不同的服务对象会对同一产品感知到不同的质量水平。当学生或家长感知到满意的服务时，也就是他们对所有服务特征的期望都得到满足或超额满足时，他们把整体服务感知为优质，并因此对学校和教师保持忠诚，从而对学校产生归宿感。用满意度来衡量学生管理，传统的强迫式的管理方法必然失去效力，这就促使学生管理者转变理念，认真研究学生，了解学生的身心特点，了解学生的需求，创新教育方法，来满足学生的需求，从而为高校学生管理提供了新的衡量依据。

用满意度来衡量学生管理，具体表现在要符合学校教育质量的以下几个特征：

（1）有效性，也就是能有效地发挥教育服务产品的功能和作用，满足学生学习的欲望，促进学生的发展。

（2）经济性，是顾客为了得到教育服务所承担的费用是否合理，优质与廉价对顾客是同等重要的。

（3）安全性，是学校保证服务过程中学生的生命不受危害，健康和精神不受伤害，人格不受歧视，合法权益受到尊重和维护。

（4）时间性，顾客对服务的时间上有需求，他们需要及时、准时和省时。

（5）舒适性，需要舒适的学习环境，以及令他们感到舒适的服务态度。

（6）文明性，顾客需要学校有一个自由、亲切、受尊重、友好、自然和善意的、理解的氛围，希望教师有较高的知识修养、文化品位和幽雅的举止谈吐。

用满意度来衡量学生管理要以服务对象为衡量主体。学校应给予学生充分的评估权；学校应制定教育服务质量标准，并使服务者了解标准；研制学生满意度问卷调查，用以作为衡量学生管理的主要标准。当然，用满意度来衡量学生管理并不意味着对传统衡量标准的彻底抛弃。为了对高校学生管理做出更科学的评价，我们以为，可以建立高校学生管理满意体系。这种体系除了学生满意外，还包括管理者自己满意体系，包括上级对下级的满意、下级对上级的满意及家长满意、社会满意等。这种系统化的满意体系有利于学生的健康成长，有利于学校的管理，使师生之间建立起共同学习、共同进步的良性循环。

五、在学生管理工作中树立服务意识的几点要求

（一）思想观念要转变

长期以来，传统的学生管理工作是以管理者为中心开展的，管理者对学生拥有绝对的权威，管理者与学生的关系是“管”和“被管”的关系，管理

的内容主要表现为要求被管理者“做……”“不做……”“如果……”，管理的基本方式是“要求”“批评”（甚至是训斥、吓唬）和“处分”。这样的管理方式在特定的历史时期，对矫正学生的不良行为习惯是起到积极作用的。

但在这样的管理理念下培养出来的学生缺乏独立思考的能力，缺乏创新精神，依赖性强。随着社会主义市场经济的不断发展，社会竞争日益激烈，社会对大学生素质、能力的要求不断提高，传统的管理模式已经不再适合当前的高校学生管理工作，我们就应该结合新情况，用发展的思维去改进它，并完善它。在管理中融合服务的思想，体现“以人为本”的管理理念就是适应新形势的有效方法，我们应着实意识到它的重要性，切实贯彻到管理工作的各个方面和环节中。

（二）工作态度要转变

学生是整个教育过程的主体，在学生管理工作中要充分尊重学生的个性和人格，转变以前高高在上、不俯身子的管理者的姿态，带着管理就是服务的理念，不断提升自身工作对学生的吸引力和亲和力，主动深入学生群体，经常倾听学生的意见和建议，及时对工作不足之处加以整改，贴近学生生活，贴近学生实际，视学生为朋友，宽厚待人，主动去尊重、理解、关心和帮助他们，引导他们以主人翁的姿态投入学习、工作和生活，促进他们道德自觉自律意识的养成，最大限度地发挥他们的创造潜能。

（三）工作作风要转变

说得好不如做得好，树立落实服务意识，关键是在工作作风上的转变。要把解决学生的思想问题和实际问题结合起来，主动观察学生关心关注的热点和焦点问题，及时高效、公平、公正地做好学生的评优评奖、党员的发展、贫困生精神和物质的帮扶、就业推荐和指导等工作，让学生感受到实实在在的服务效果。特别是在对待学习后进生和个别违纪同学的管理中，要学会感动他们，通过各种有效的帮助教育途径，比如指导学习方法、多表扬他们的优点等，使他们觉得老师的工作是为他们着想，是为了实现、发展和维护他们的利益，从而自觉学好、表现好，促进整个群体管理的顺利开展。

（四）服务意识的树立要与坚持制度相结合

在学生管理中，制度是工作的保障，服务是工作的理念，稳定和谐是工作的目的。强调树立服务意识不是抛弃制度的约束，而是增加制度落实的人性化，没有制度依靠的服务是无力和软弱的。对于个别纪律观念薄弱、思想觉悟低、道德品质差、屡次违反纪律的学生，应该按照规章制度给予相应的处分和处理，这样才能维护绝大多数学生的权益，赢得绝大多数学生的支持。同时，规章制度的坚持与落实需要服务意识的体现，只有怀着服务好学生的思想，才能赢得学生的理解与配合，才会将外在的规定转化为他们内在的自我要求，学生管理才会具有实效性和持久性。

六、在学生管理工作中树立服务意识的几点建议

（一）建立一套科学、规范、完善的学生工作制度

高校应按照国家有关法律规定，依据本校实际情况制定完整的、可操作性强的程序、步骤和规章制度，并以此规范学生的行为，行使有效的管理。完善学校的规章制度，第一，应确定制定主体，不仅学校领导参与、管理者参与，作为被管理者的学生也要参与，这样才能充分体现学生的利益，实现“以人为本”。第二，学生管理制度应当完善，不仅要注重实体内容，还要注重程序内容。比如，学生处分制度，应当列明学生在哪些情况下会受到处分，还应有学生辩护机制和申诉机制。在所有的程序都完成后，再由决策机构来认定处分该不该执行。第三，学校应有快速的反应机制，对国家某项新的学生管理政策或者法规出台后，学校应快速制定出相应的实施意见。第四，除了这些强制性的规定外，还应当有一系列的自律性的规定外，使学生明确集体生活中行为自律的重要性而自觉规范自己的行为。

（二）发挥学生主体能动性，变被动管理为自我管理

在工作中要注意调动好学生自身参与管理的积极性，让学生积极参与学生管理工作，改变学生在学生管理工作中从属和被动的地位，不单纯地把学生看作教育管理的客体，以利于消除大学生对于被管理的逆反心理，实现大学生的自我管理。学生管理中宜推行以学生工作处指导下的，以辅导员、学生干部为调节的，以学生自律委员会为中心的相对的学生管理方式。既能锻炼学生的能力，又达到了管理的目的。

（三）完善对学生管理者的选拔模式和培训机制

提高学生管理工作者的待遇，建立一支专业稳定的学生管理队伍。一是学生管理者的选拔模式要创新。如今的学生管理工作者的选拔制度存在一定的缺陷，有的是毕业生为了留校做老师而将从事学生管理工作，作为以后成为任课教师的跳板；有的则是通过各种关系安排进来。因此，在这样的情况下，学生管理工作者很难保持高度的热情，管理水平也不一定很高。而新的选择模式是要面向全社会，以完善的选拔机制来完成对学生管理工作者的选

拔，这样才能招募到各类人才，使学生管理队伍进一步扩大并提高一定的质量。在选拔人才的时候尤其要注意他们在教育学、心理学、管理学方面的知识。在国外，做家政服务都必须具备心理学、教育学相关证件，持证上岗。作为学生管理者的选拔就更应注重教育、心理、管理方面的知识，最好是应具备这方面的学历。二是学生管理者培训机制要创新。学生管理工作是一项很灵活多变的工作，需要管理者有足够的经验和专业知识来处理各种突发事件，因此对管理队伍的专业培训显得尤为重要。在新型学生管理模式下，任课老师是一种了解学生情况和反馈情况的角色，宿舍管理者也是一个重要的角色，因此原来这种专业性的培训机制针对的主要是校、院、班三级的学生管理工作者要改变，应面向专业课教师、学生辅导员和宿舍管理员，对学生辅导员、宿舍管理员要注重教育学、心理学、管理学方面知识的更新与培训，以及他们对突发事件的应急能力，让他们将“学会管理”与“学会学习”结合起来，使学生管理工作者能不断超越自我，从而培养出一支专业稳定的学生管理队伍。注重专业课教师对学生工作相关知识的了解程度的培训，使他们从被动到主动关心学生的成长，关心学生工作，从而在各高校树立全员育人的思想。三是关注学生管理者的待遇。学生管理工作需要管理者保持极大的耐性和工作热情，管理工作相当烦琐，使很多管理者不能维持工作的长期性，而管理者的经常变动则影响学生管理工作的开展和完善，因此提高学生管理工作者的待遇，使其能稳定地从事这一工作是必要的。

（四）加强学生的德育教育和心理健康教育

当今高校教育中的人才培养，不只是要使其获得专业知识和技能，也要培养其道德修养和心理素质。而大学生面临来自学业和就业等多方面的压力，独生子女的心理弊端便显露出来，承受能力差，容易造成一些消极的后果。高等学校是培养主流意识形态的重要阵地，对构筑大学生良好的精神世界起到重要的作用。高校学生管理者应通过各种渠道和方式，帮助大学生树立正确的世界观、人生观、价值观，形成高尚的道德情操和坚强的心理素质。所以，高校学生管理工作中的一个重要内容就是加强学生的德育教育和心理健康教育。对于这一点，很多高校已经认识到并正在改进，特别要注意结合大学生实际，广泛深入开展谈心活动，有针对性地帮助大学生处理好学习成才、择业交友、健康生活等方面的具体问题，提高思想认识和精神境界。要制订大学生心理健康教育计划，确定相应的教育内容、教育方法。积极开展大学生心理健康教育和心理咨询辅导，引导大学生健康成长。

“以人为本”的管理模式是顺应当今形势行之有效的模式。学生管理者要结合实际情况，积极运用这种模式，在管理中树立服务意识，充分调动学生自我管理的积极性和能动性，实现管理者和被管理者的有机融合，实现学生管理的时效性和持久性。

第四节 创新管理方式

创新是高校学生管理的灵魂，也是高校发展的关键。高校只有大力进行管理的创新，摒弃陈旧、落后的管理方式和方法，创建一种与时代发展相适应的新的管理机制，才能真正提高高校的管理水平，从而实现高校提高办学质量和办学效益，培养大批优秀创新人才的现实目标。尽管全面创新管理是针对企业的创新提出的，但对高校也同样适用。

一、高校学生管理工作创新的必要性

今日高校的功能已由单一走向多元，从简单趋向复杂，高校与社会的关系日益紧密。21 世纪，人类社会正进入一个以智力资源为主要依托的全球化知识经济时代，伴随知识经济社会的到来，高等教育将在社会中发挥空前重要的作用。高校作为法人实体，必须有全面创新思维，否则将落后于历史前进的步伐。全面创新管理特别是其根据环境的变化突破了原有的时空界域和局限于教学管理部门和教师创新的框架，突出强调了新形势下全时创新、全球化创新和全员创新的重要性，使创新的主体、要素与时空范围极大扩展。

（一）管理创新是培养高素质人才的需要

当前，科技飞速发展，新技术不断涌现，要培养大批高素质人才以适应新时期的生产建设，必须不断推进教育创新，这不仅包括教育观念、教育制度的创新，在人才培养模式和学生管理工作上也必须探索出一条新的道路，才能提高人才的素质和能力。学生管理工作是高校育人的重要手段，其本身并不是一个简单的政策、制度、规章所能涵盖，而是一整套理论体系和系统工程的反映。学生管理工作的创新过程必须不断与外界思想、政策、环境相比较，适应时代的潮流和社会的发展，这样才不会被时代所淘汰。

（二）管理工作创新是高等教育大众化的需要

自 1999 年高校扩招以来，招生规模的不断扩大，学生人数的不断升高，以前的所谓“精英教育”渐渐被大众化的教育模式所取代，大学生的整体素质和层次也在发生着巨大的变化，这对大学生管理工作是一个不小的挑战。

高校学生管理工作只有积极创新，不断探索，才能适应高等教育大众化发展的要求。

（三）管理工作创新是服务学生的需要

我国当前正处于社会转型期，社会生活方式逐渐多样化，大学生的思想观念、价值观念、生活方式都在发生着巨大的变化。网络技术快速发展，大学生对于新知识、新技术的接受和学习更快，这使得他们被网络深深地影响着。从学生管理的层面上来看，互联网的确带来了新的技术和方法，但互联网也冲击着传统的管理方法和体制。网络信息良莠不齐，不少学生难以判断、抵御不良信息的侵袭，其思想受到这些虚假、反动信息的毒害，导致部分学生沉溺于网络游戏等，甚至走上违法犯罪的道路。因此，必须对管理模式进行创新，这是加强学生工作的需要，也是提高高等教育质量的需要。

二、全要素创新在高校学生管理中的应用

（一）高校创新发展战略的制定为全面创新指明了方向

高校在战略措施的制定上，要找准切入点，突出特色，坚持特色办校，将有限资源用于战略性、关键性的发展领域，使之发挥最大的效用。高校的优势来源于管理者将内部所具有的专业特色优势、人才优势、学术科研成果、管理经验、资源和知识的积累、整体创新能力等多种因素整合。只有建立在现有优势基础上的战略，才会引导高校获取或保持持久的战略优势。推进特色办校战略，不仅在某一学科或专业上有特色，而且尽可能进一步在某一领域上有特色。

（二）创新文化的建设是实现高校全面创新的源泉

各种创新活动都离不开高校创新氛围的基础，如果高校中人们的思想僵化，思路不清、机械、呆板，满足现状，不思进取，缺乏创新欲望、动机，对创新举动不予理睬甚至百般阻挠，就不可能形成强烈的创新氛围。据研究，国内外的一些著名高等学校，其保持长盛不衰的活力之源就是独特校风的延续和更新机制的存在。

（三）技术创新是实现高校全面创新的手段

现代信息技术对教师的学科知识结构及掌握现代化教育技术的程度也提出了更高的要求，引起教学方法和手段的现代化及课程内容的更新，影响教学过程和人才培养的过程，对大学生的思维方式、行为模式、价值观念、政

治倾向等都产生深刻的影响。

（四）创新制度设计是高校实现全面创新的保障

任何一个制度和政策设计的终极目标都是要最大限度地激发人的积极性。高校必须承认个人在知识发展中的独特性，建立“以人为本”的有利于学生创新思维、创新能力培养的管理制度，既有利于充分发挥学生的学习积极性，又有利于充分发挥教师的教学积极性。

（五）学习型组织是高校实施全面创新的必然选择

随着我国高等教育向大众化阶段的迈进，高校办学规模不断扩大，管理幅度和管理层次也相应增加，高校实际上已经成为一个复杂的组织系统，传统的金字塔式的组织结构已很难适应知识经济的要求。因此，应改变组织结构，建立一种有机的、高度柔性的、扁平的、符合人性的、能持续发展的、充分发挥员工的创造性思维能力的组织。

（六）全时空创新在高校学生管理中的应用

全时空创新每时每刻都在创新，使创新成为涉及学校各个部门和师生员工的必备能力，而不是偶然发生的事件。这就要求在课程体系中增加创新能力的训练和综合实践课程，提高学生在亲身实践中发现问题、解决问题的能力，进而激发灵感。同时，教师要更新教育观，转变教育思想，改变常规教学方法的树立，把知识的最新成果及学术界正在争论的问题随时融入教学中，身体力行站在创新的最前沿。况且，在全球经济一体化和网络化的背景下，高校应该考虑如何有效利用创新空间，在全球范围内有效整合创新资源为己所用，实现创新的全球化，即处处创新。

（七）全员创新在高校学生管理中的应用

全员创新要求师生员工必须学习、学习、再学习，不仅要系统学习掌握基础的现代科学文化知识，而且要钻研某一专业方面的前沿领域，做到博与专、基础与特长的和谐统一，加强当前的阶段性学习，更要强调终身学习，不断增加新知识、新技能，保持良好的知识结构。高校学生管理人员再也不能像以往那样用传统的组织手段来指挥一群富有知识、渴望创造的教育工作者，必须不断探索高校学生管理中的新规律、新问题，研究现代化高校学生管理的新的方法论，寻求新形势下行之有效的管理方法，努力增强高校学生管理的科学性和艺术性，不断提高管理成效，用信息化管理方式取代传统管理方式，更要学习借鉴国内外先进的高校学生管理经验。

（八）全面协同在高校学生管理中的应用

正常的教学秩序需要稳定的教师队伍和部门之间的协同管理创新。目前，高校规模的不断扩大使高校学生管理创新呈现出纵向的多层次和横向的多部门性，并且相互依存。无论从高校教育和教学管理的主体还是从客体来看，都不可避免地会出现利益和要求的多元化局面。高校学生管理中的协同创新行为是高校多个部门创新的组合过程，必须让所有参与协同的部门了解当前高校组织创新的实际情况，这不仅有利于单个部门的创新，而且在创新的过程中能进一步增进相互的理解和信任，利用部门之间相互协同创新，增强高校的凝聚力，提高高校的管理效率和创新能力，最终实现解决矛盾，缓解纠纷，消除内耗，达到整体创新的目的。

三、高校学生管理工作创新的几点建议

（一）完善学生管理制度

高校学生管理制度是在全校范围内具有普遍约束力的各种规章、条例、制度等，是高校依据国家有关法律法规制定的行之有效的管理办法。然而，我国高校的学生管理制度大多沿用老一套的管理办法，已经跟不上时代的发展。因此，必须尽快制定出与时代和社会现状相符合的管理制度，完善管理上的不足。

（二）思想政治教育的地位不可磨灭

高等教育的根本目的是为我国的社会主义事业培养人才，为生产建设和经济发展提供人才保障。因此，社会主义思想政治教育一直是我国高等教育体系的重要组成部分。管理工作的创新也要充分利用思想政治教育这一强大武器，将马克思主义贯彻到大学生的生活、学习、工作中，为他们确立正确的世界观、人生观、价值观提供坚实的理论依据，使其能够自觉抵御各种不良信息和消极思想的冲击，将个人的成长与国家发展、社会进步有机结合，促使大学生不断努力、不断前进。

（三）学生管理队伍专业化

目前，我国高校的学生工作管理队伍普遍存在这样或那样的问题，如专业背景不同、理论基础不扎实，在学历水平和思想素质上也存在不小的差别，这对于高校的学生管理是十分不利的。因此，努力培养和造就一支学生工作的专家队伍是当前学生管理工作创新的当务之急。一支专业过硬、素质较高

的学生管理人才队伍，不仅能够管好学生，更能服务学生，培养学生，提升学校的综合实力。

高校全面创新管理体系的建立是一项复杂而艰巨的工程，不仅需要对全面创新管理中的要素理解掌握，还应采取以下策略：①在宏观上政府要明确在高校科技工作上的职能定位，加强对高校科技工作的战略规划，对高校实行分类指导，引领科研方向；②在中观上加强校内、校外，国内、国际的科技交流与合作，建立和完善科教经互动的合作创新体制，构建开放的人才培养体系和多元化、多渠道的科技创新投入体系；③在微观上各高校要实施高校科技管理体制创新工程，建设科技资源共享的创新基础平台，实施科技创新人才选培工程，培育科技创新文化，提高投入资金的使用效率。

第五节　有效利用网络

互联网已成为高校学生管理工作中不可或缺的一部分，给高校学生管理工作带来机遇的同时带来了挑战，如何充分发挥其独特优势，消除具体工作实践中的局限性，创新管理模式，将是新时代下高校学生管理工作取得成功的关键。

一、什么是网络化平台

网络化平台是指在对计算机网络进行应用的前提下，处理各方面的工作。

本文研究的主要是处理学校中的一些事项，主要包括硬件和软件两种设施。在各个区域网的基础上将所有的支持服务系统提供出来，通过系统将工作内容的开发工具提供出来，可以导入多种类型的文件，将连接和有机整合的功能提供出来，对各项工作进行全面、系统的管理。可以说，在很多领域内都能作为一种管理的工具，可以快速地添加、赋予和删除不同的权限，并且是一种高效的交流工具，对各种功能都能很好地予以满足。

二、现阶段网络在学生思想教育中的应用现状

为了使网络信息技术能够很好地被学生所应用，并且将高水平的网络化平台构建起来，我国很多院校对校园内的网络平台进行了不断的完善。特别是近几年，网络化开始在校园中大面积地普及。作为最先进的传播手段，网络的开放性、综合性、全球性、多互性的特征使更多的交流机会和畅通的渠道在不同文化与事物之间相互传播，给社会的发展带来了巨大的推动作用，给人类的发展也带来了促进作用。网上的信息相对复杂，虽然有很多有益、

健康的信息，但也不乏一些迷信、黄色、反动的信息。有关数据统计显示，我国60%以上的学生都接触过不健康的网络。

因此，不健康信息对于未步入社会大门的学生来说，势必会带来一定的负面影响，对学生的思想道德与行为习惯都会造成负面的影响。因此，构建校园绿色的网络平台就显得非常必要。

（一）网络化有助于掌握学生的思想道德状态

思想政治工作人员或班主任教师能够利用这项技术更真实迅速地对学生进行了解与掌握，在提升学生思想政治工作的过程中能够更加有针对性，尤其是一些能够引起学生普遍关注的社会和校园热点问题。随着信息时代的到来，学生都喜欢将自己的思想动作以电子数据的形式反映在网络上，互相之间进行讨论与交流。因此，教师可以利用网络平台第一时间获得学生思想上的真实的资料。教师可以利用对学生网站的搜索、整理及分析，找出有效的方式，及时地发现学生的思想波动与误区，对学生的思想政治方面给予正当的引导。

（二）网络化有助于改进思想道德教育模式

传统的教育方式只是通过教师在课上或课下的口头引导，或凭空举出一些例子来进行教育。这种教学模式存在很大的弊端：一是没有认识到思想教育在学生发展中的作用；二是学生虽然明白老师是在激励自己，但是由于教师的讲解缺乏生动性，使学生在意识上很难接受。因此，面对这样的情况，在利用网络化平台对学生进行思想教育的过程中，能够将大量的信息呈现出来，为学生提供丰富多样的素材。这些极具感染力的素材使学生不再感到枯燥乏味，从而积极地接受。此外，在对学生进行思想教育的过程中，网络平台中网络传递的及时性可以更加快速地将信息传递出来，使学生们感到思想教育工作无处不在。

（三）网络化有助于净化思想道德素质内容

随着网络时代的到来，更多的网络技术与信息被广大学生所认知和应用，但是由于学生的自控能力普遍较差，很少将其用在合理的方面。因此，学生容易受到网络上不健康信息的污染，影响自身的思想道德的培养。因此，在此背景下，学校网络平台的搭建很好地解决了这方面的问题。学校网络的安全系数比较高，在对学生进行思想教育的过程中，会大力宣传绿色教育，强力抵制那些不健康的信息，这在一定程度上会转变学生的思想观念。通过学校网络的思想教育，学生在课余时也会自觉抵制不健康因素，明确自身思想发展的方向。

（四）网络化有助于开阔思想道德教育的视野

现阶段，随着网络技术的不断发展，已经实现了在第一时间收集世界上的全部信息，不受空间和时间的限制，对于传统信息沟通方式不能解决的问题进行有效的解决。因此，学校网络平台的建立，能够给思想教育提供更加宽广的平台。同时，学校网络平台在对学生进行思想政治教育的过程中，对学生需要的信息能够进行及时的下载，对学生的思想发展情况进行详细的存储，将更多的教育时间提供给非教育者和受教育者。强化学生的思想道德观念，将思想教育和引导提供给学生，解决了传统思想教育的时间、空间桎梏，给学生提供开放性、全社会的教育空间，利用网络的特性对学生进行思想政治教育。相关人员在对学生的心理进行分析时发现，在教学时，通过听觉与视觉相互结合，能够将学生认识事物的能力提升65%。因此，利用网络进行教学可以对学生的思想进行准确、快捷的了解，对网络信息的优势进行充分的应用，将思想政治教育的渠道和空间进行不断的扩展，将更适合青少年、更有效、更新颖的思想教育方式提供给了学生，开阔学生思想政治教育的视野，丰富学生的思想。

三、网络对高校学生管理工作的影响

随着信息技术的发展，互联网作为一种新媒介已成为大学生工作、学习与生活不可缺少的一部分，在高校已经很难找到从不上网的学生，网络行为越来越成为大学生的一种生活习惯。而作为网络的主要使用者，大学生的意识形态及行为方式也深受网络的影响，他们逐渐倾向于在网上发表自己的各种看法、愿望和意见等，并开始通过网络行为来表达对与自己息息相关的学生管理工作的关注和诉求。在实践中，网络技术也不断地被运用到高校学生管理工作中，这既给我们的工作带来了机遇，也伴随着挑战。一方面，网络技术的应用使学生管理工作变得高效、便利且人性化；另一方面，由于网络自身虚拟化等特征，也使我们的教育管理环境变得复杂化，这对高校学生管理人员提出了新的要求。如何运用好网络这把“双刃剑”，充分发挥其独特优势为育人管理服务，将是高校学生管理工作能否取得新突破的关键。

四、利用网络平台强化对学生的管理

在对学生进行管理的过程中，网络平台的构建对于学生的管理工作强化上会带来巨大的帮助，其中主要应用在以下几个层面。

（一）强化了学生思想管理工作

思想能够影响一个人的行为，尤其是对于学生来说，他们的思想还存在着一些不成熟的方面。学校利用网络平台，可以将社会上最新的消息传递给学生，使学生第一时间接受最先进的思想引导。例如，可以利用最大的中文网站《人民日报》进行消息的传递，自从该网站建立后，每天都会被浏览 8 万次左右，有一亿多字会被读者进行提取，可见其功能强大，从另一层面映射出来网络的重要性。此外，学生因为在学习过程中经常会遇到各种困难，思想波动的情况会时常发生，这样教育人员利用网络将学生反映出来的情况及时地进行汇总，将合理的方案制定出来，实时关注学生的思想变化情况，随时关注学生思想上的波动。

（二）强化了学生心理健康教育

不管是哪一阶段的学生，都会容易出现心理上的波动，这样，对于学生的身心健康的发展都会带来严重的负面影响。加之网络技术的出现，虽然开阔了学生的视野，但是由于很多学生迷恋网络，而迷失了方向，心理上也蒙上了一层黑雾一时难以散去。面对这样的情况，学校利用网络平台对学生的这种不健康的心理加以正确的引导，用健康的网络来代替那些肮脏的网络信息，通过网络信息对学生的心理特点和思想脉搏进行有效的掌握。

（三）强化了对学生学习上的管理

学习是学生的本职。随着教育改革的不断深入，传统的教学方式已经很难适应社会的发展，为了开阔学生的视野，学校的网络平台在其中发挥了极大的作用。网络平台被各个学校运用后，可以为学生提供出更活跃的课堂氛围。利用网络平台将学生的个人信息和学习情况输入网络中，这样，教育者可以对学生的学习情况及时地予以掌握，如果学生某个知识点没有理解，就可以通过网络及时地到老师那里寻求帮助，而老师会第一时间为学生进行解答。在某种程度上讲，网络平台的搭建为老师管理学生的学习，学生及时地寻求老师帮助之间架起了一座桥梁。

（四）增强学生的凝聚力

在现阶段的一些班级中，很多学生都是独生子女，他们以自我为中心的理念非常强烈，缺乏团结友爱的精神。因此，在面对这样的学生时，班级管理者显得有些力不从心，管理起来会非常吃力。如此一来，班级就会如同一团散沙，对学生各个方面的发展都会带来严重的影响。随着网络平台在学校中的应用，教师可以通过学生的网络信息及时了解他们的真实情况，对于出现的问题，可以有针对性地进行解决。另外，教师可以根据网络平台，构建团体性的活动，使学生能够经常融合一起，不断地通过网络上的集体活动，增进学生之间的友谊，这样，学生的凝聚力就会慢慢地被培养起来。

五、网络时代下高校学生管理工作的新举措

（一）开拓网上思想政治教育阵地，加强对学生网络民意的疏导

网络具有开放性，它完全打破了原有国家、社会之间的限制，将世界各国都紧密联系起来，不同意识形态之间的思想碰撞和文化冲突达到前所未有的程度。一些别有用心的西方国家借此机会通过网络平台对我国进行意识形态的渗透，大肆宣扬西方的文化理念、政治制度等，散布影响社会稳定的言论和信息，以此来削弱我们对马列主义等主流思潮的信仰，淡化我们的民族意识。部分思想和三观尚未成熟的大学生在如此强烈的多元文化碰撞下逐渐迷失了自我，对原有的主流理想信念产生怀疑，造成他们政治观念的淡漠、价值观念的偏离，出现极端个人主义、拜金主义等问题。

作为高校学生管理人员，必须抢占网络高地，通过网络平台创建“红色网站”，在校园网上建立理论专区，构建思想政治教育阵地。一方面，高校学生管理人员应高度重视大学生网络民意的表现，密切掌握大学生的思想动态，对于大学生所关注的热点、难点问题在网上给予及时的回应，做好疏导工作。我们应该想办法深入学生喜欢参与交流和讨论的网上社区、网站和聊天室等，积极与学生互动交流，及时了解大学生的网络情绪。特别是针对一些学生关注的重大政治、意识形态等敏感问题要及时在网上进行旗帜鲜明的正面引导，在引导过程中要注意坚持柔和的交流态度，言之有理，言辞恳切，力求把一些尖锐的矛盾化解在萌芽状态。同时，要尽可能团结好网络中的骨干活跃人员，在网上敏感话题的争论中，网络上的骨干活跃人员的行为对普通网民有巨大的影响力，要积极发挥他们的正面影响力，教育和带动更多的网友理性、成熟地思考问题。另一方面，要建立网络舆论突发事件应急机制。突发事件发生后，通过网络广泛、迅速、覆盖面大的信息平台将真实情况直接发送给每位同学，提高组织传播的效率，减少信息在多层传输过程中的人为减损，防止学生被不实信息误导煽动而引发更大的混乱。

（二）增强学生网络法制意识，加大网络文明建设力度

当前，我国关于网络的相关法律法规并不完善，高校对大学生网络法制意识与网络文明的宣传教育力度不足，加上对大学生的网络行为缺乏正确、

有效的引导，导致大学生普遍的网络法制与网络文明意识不强，从而造成大学生网络行为规范的缺失。高校作为大学生网络法制与文明建设的主要场所，并未有效占领网络法制文明系统建设的前沿阵地，未能形成良好的校园网络文化氛围。

针对这一现象，首先，国家要根据网络发展的新情况和新问题，及时制定和出台一系列能适应网络环境快速发展的新法律法规，不断提高打击网络犯罪与网络不文明行为的能力。高校学生管理人员要加大对学生开展网络普法教育、网络安全教育和文明上网教育的力度，积极引导学生以遵纪守法为荣，对有关网络法律问题进行主动思考，如利用社会上的一些典型案例教育学生触犯网络法律所应承担的法律责任，以示警醒；同时，可在学校相关网站或 BBS 社区上开辟寓教于乐的法制教育网页，设立在线互动答疑等栏目，发动学生积极参与对网络违法现象与不文明行为的深入探讨，在潜移默化中提升大学生的网络法制与网络文明意识。其次，必须坚持他律与自律有机结合，倡导在学生群体中形成互相监督，合法文明使用网络的氛围。杜绝学生对网络违法与不文明行为的互相包庇与谅解，使学生分散的网络文明行为凝聚成有组织的共建网络文明的行动。在此过程中，应充分发挥学生党员的模范带头作用，培养一支政治立场坚定、作风正派、网络技术过硬的学生党员队伍，充当网络文明使者，利用他们来自学生中便于与学生沟通、易于被学生接受认可的优势，引导好大学生的主流价值观，使他们肩负起宣传网络法律法规、倡导网络文明的重任。

（三）建立一支具有网络时代意识与过硬网络技能的学工队伍

高校学生管理面临的环境发生了变化，网络信息技术的快速发展向传统的高校学生管理理念与方式提出了新的要求，这是新时期高校学生管理工作必须正视的现实环境。学生管理人员要想有足够的能力应付在新的教育管理环境中出现的新问题，必须强化自身的信息素质，提高现代网络技术应用的能力，才能充分利用网络资源优势，拓宽高校学生管理工作的空间，增强学生管理工作的针对性和实效性。

因此，高校学生管理者要抢占网络高地，建立属于自己的网络构架。注意网络社团、BBS 社区、微博、QQ、微信等网络媒介在工作中的运用，努力实现班级管理网络化，提高工作效率，使大学生表达的意见更有机会直接接近管理中心，从而改变以往信息不畅，具体管理工作、措施与现实脱节的被动局面，增强学生管理工作的针对性和科学性。此外，基于传统的教育理念，学生对老师都既敬又畏，在老师的面前难以敞开心扉，真实地表达自己的所思所想。而网络隐秘性与虚拟性的特征使网络交流少了现实中面对面交流的尴尬和顾忌，现在大部分学生都热衷于通过网络平台来表达自我，很多时候都会把自身的心情、心态或对事件的观点即时通过网络来宣泄。这样的情况导致管理者对学生的思想难掌握、问题难发现，久而久之，师生关系也由此而渐行渐远。多关注学生在网络上发表的信息，可以及时掌握学生的思想动态，从而对症下药，将一些不良的思想遏制于萌芽状态。相对于以往传统、低效的育人管理环境，当前高校教管工作成败的关键，在于管理人员是否能够在第一时间准确地获取高质量的信息，只有在知己知彼的情况下才能做出正确有效的决策。

（四）充分利用网络资源，加强对学生的服务工作

在现阶段的实践中，网络技术与资源在高校学生管理工作中的应用还处于初始阶段，很多都是停留在“面子工程”的形式上，没有落到实处。要切实在网络上开展学生管理工作，必须坚持管理与服务相结合的原则。一方面要加大校园网络的信息量，在校园网络平台上，除了能查询到学校的各种方针政策、规章制度和通知等常规信息外，还应包含各种大学生常用的学术、生活社交网络资源，努力把校园网络建设成一个便于大学生学习、生活的综合性平台。另一方面，多拓展针对学生的网上服务空间，如开展网上心理咨询、网上就业信息咨询、勤工俭学信息、网上社团活动等，努力利用网络自身具备的优势特征来消除某些管理工作或服务在现实操作中的局限性，开创高校学生工作的新局面。例如，大部分心理有问题的学生都不太善于交流和沟通，而网络可以为了解学生心理动态和进行心理咨询提供一个全新的平台。通过网上心理咨询服务，可以消除面对面的尴尬，避免现实交流带来的障碍，可以慢慢地深入问题学生的心理，使其敞开心扉地宣泄内心的情绪问题，从而使教育管理者可以对症下药，准确地引导学生的行为，为更顺利地开展学生心理工作提供良好条件。

（五）注重网上管理与网下管理相结合

作为一个高校学生管理工作人员，无论信息技术发展如何迅猛，网络技术与高校学生管理工作结合得如何紧密，我们必须明确：学生管理工作不是在做“虚拟世界”的工作，而是在做“虚拟世界”背后的学生主体的工作。利用网络平台开展高校学生管理工作，要做到网上管理和网下管理相结合，做到以情感人，以理服人。同时，加强校园现实的软件和硬件建设，增强现实空间对学生的吸引力。很多大学生沉迷于网络的虚拟空间，主要是由于在现实世界中，他们的很多想法和诉求都得不到满足，只能在虚拟

世界里寻求慰藉。为了改变这一局面，学校要多开展受学生欢迎、易于学生接受的校园文体活动，尽可能使所有学生的心理诉求能在现实中得以满足，让他们有平台与机会能各尽其能，从而增强现实校园对学生的吸引力，增强学生的幸福体验。

综上所述，随着信息时代的到来，在人们生活或学习的各个领域中都能看到互联网的影子，在各个层面和领域中都有所渗透。互联网用其多种功能不断地丰富着人们的生活和阅历，将各种思想和信息有效地进行传播。因此，学校在学生的思想教育和管理工作中必将发挥着不可代替的作用。现阶段的很多学校，鉴于学生不断增长的网络需求及互联网极强的功能，网络平台在学校中逐渐地被建立起来，在以上提及的两项工作中发挥了不可代替的作用，使工作的效率逐渐地被提升了上来。

参考文献

[1] 裴亮．教育信息化及对教育技术培训内容的思考 [J]. 青年时代，2016（21）：96-97.

[2] 任友群，冯仰存，徐峰．我国教育信息化推进精准扶贫的行动方向与逻辑 [J]. 现代远程教育研究，2017（4）：11-19，49.

[3] 金维军．教育信息化与教师专业发展 [J]. 中小学信息技术教育，2016（1）：72-73.

[4] 吴金炎．教育信息化资源发展战略研究 [J]. 黑龙江科学，2017（23）：64-65.

[5] 何克抗．教育信息化发展新阶段的观念更新与理论思考 [J]. 中国教育科学，2016（2）：23-39，22，213.

[6] 宁宏新．教育信息化与高校教学深化改革 [J]. 新课程研究（中旬刊），2017，432（3）：98-99.

[7] 王珠珠．教育信息化 2.0：核心要义与实施建议 [J]. 中国远程教育（综合版），2018（7）：5-8.

[8] 张进宝，梁跃．教育治理现代化语境下教育信息化公共服务体系的重构 [J]. 中国电化教育，2016（4）：7-13.

[9] 张臣文．云计算在高校教育信息化中的应用研究 [J]. 湖北函授大学学报，2016，29（20）：13-14.

[10] 田子雷．教育信息化新方向：从“数字校园”到“智慧校园”[J]. 信息通信，2016（11）：281-282.

[11] 赵丽娜．教育信息化可持续发展能力建设问题 [J]. 环球市场，2016（30）：50.

[12] 陈丽，李波，郭玉娟等．“互联网 +”时代我国基础教育信息化的新趋势和新方向 [J]. 电化教育研究，2017，36（3）：76-78.

[13] 明越．高等院校教育教学信息化中存在的问题及对策 [J]. 知识文库，2017（6）：225.

[14] 曹鹏 . 教育信息化发展新阶段的观念更新与理论思考 [J]. 科技视界，2017（7）：260-261.

[15] 左明章，卢强 . 区域教育信息化协同推进机制创新与实践 [J]. 中国电化教育，2017（1）：91-98.

[16] 郑瑞强，卢宇 . 高校翻转课堂教学模式优化设计与实践反思 [J]. 高校教育管理，2017（1）：97-103.

[17] 张宝君 ."精准供给"视域下高校创新创业教育的现实反思与应对策略 [J]. 高校教育管理，2017（1）：33-39.

[18] 张忠华，况文娟 . 论高校教师专业发展的缺失与对策 [J]. 高校教育管理，2017（1）：79-85.

[19] 吴恒仲 . 大学生教育管理中人文关怀的科学内涵 [J]. 黑龙江高教研究，2012，30（2）：63-65.

[20] 岳坤坤 . 大数据时代高校教育管理创新的探究 [J]. 新疆广播电视大学学报，2017，21（2）：60-64.

[21] 朱丽丽 . 基于大数据技术高校教育管理平台的研究 [J]. 当代教育实践与教学研究（电子刊），2017（6）：56，55.

[22] 刘诗波，陈新 . 我国高校资产管理的演进逻辑与价值自觉 [J]. 教育学术月刊，2014（8）：65-70.

[23] 曹维 . 新媒体环境下高等院校教育管理模式的构建策略 [J]. 改革与开放，2019（22）：108-110.

[24] 刘雷 . 新时期高校思想政治教育的发展与方法创新研究 [J]. 重庆城市管理职业学院学报，2012（1）：22-24.

[25] 黄彬 . 基于"过程方法"的地方高校创新创业教育质量管理体系优化研究 [J]. 佳木斯职业学院学报，2014（1）：152-153.

[26] 乔丹 . 基于法治视角的高校学生工作管理改革探索 [J]. 亚太教育，2016（18）：248.

[27] 黎明，肖波，葛莹莹 . 高校学生党建与学生工作管理的互动途径研究 [J]. 教师，2016（35）：91-92.

[28] 杨莉 . 浅谈新媒体在高校学生工作管理方面的运用及技巧 [J]. 作家天地，2020（19）：76-77.

[29] 路璐 . 新形势下高校学生管理工作者如何加强思想政治工作 [J]. 法制与社会，2018（1）：191-192.

[30] 夏海林，邵南岗，康丽春，等 . 浅议新时期地方高校学生工作管理存在的问题及对策 [J]. 教育教学论坛，2020（19）：12-15.